かわさき長寿企業 ②

半世紀の歩みとともに

戦災で焼け野原になったまちが復興し、
さらに高度経済成長の追い風を受けて、
国内でも屈指の大都市に発展した川崎。
その発展とともに歩んだ企業には、
それぞれの歴史が息づいています。
人と人との出会い。経営者の発想と取り組み。
ときには景気の波に持ち上げられ、
ときには不況の渦に巻き込まれながら、
一歩一歩、歩みを進め、
一日一日、歴史を刻んでいきました。
半世紀を超えて事業を継続する企業の背景には、
川崎のまちと人々の営みがあります。
そして、これらの企業の歴史が
川崎のまちと人々の暮らしを支えてきました。

割烹蒲焼　大沼

川崎人に愛される鰻と和食

株式会社　川崎設計

持続可能なまちづくりを設計技術
で支える循環型事業承継組織

RINKO BUS
今日と明日をつなげていく

川崎鶴見臨港バス株式会社

大量輸送の時代から
沿線価値創出の時代へ

2017年11月15日 本紙 川崎 019頁　(C)神奈川新聞社 無断での転載、改変、複製、頒布を禁止します

19 地域　2017年(平成29年)11月15日 水曜日　神奈川新聞

川崎

「明日」を運び80年 川崎鶴見臨港バス物語

女性運転士 工都支え 〈上〉

電気自動車

かわさき商工人 ＞225＜

リンドウー治療院 総院長 後藤竜也さん(53)

「痛くない刺鍼法」広め

高齢女性発見 警察犬を表彰

靴のにおいたどり車の下から

iバザール

人と地球環境に優しい市バスは今後も進化し続け市民の皆様と共に走り続けます

川崎市交通局は、全国の公営交通の中で無事故率がトップクラス！

〈走行距離10万kmあたりの有責事故発生件数（H23年～H28年平均）川崎市 0.29件 大都市公営事業者平均 0.77件〉

私たちは積極的に取り組んでいます

お客様のニーズ、期待に応え安全・安心・快適なサービスを提供してまいります。
輸送の「安全最優先」を徹底し、全職員を挙げて経断なく目標に向けた取り組みを推進しています。それぞれの営業所では市内外の各イベント（かわさきハロウィン、かわさき市民まつり、市バス安全・安心フェスタ、バス利用感謝デーなど）に参画し、地域の方々とふれあい、交流を深めております。

〈たいへん便利な１日乗車券のお知らせ〉

◎IC１日乗車券
川崎市内市バス全線を１日に限り何回でもご利用できる便利でお得なIC１日乗車券は510円です。

◎家族１日乗車券
土曜、休日、夏期・年末年始の一定期間は同居のご家族３人までご利用できる便利な家族１日乗車券を市バス車内、各営業所で800円にて販売しております。

毎月15日は「反戦平和の日」

川崎市労働組合連合会
〔意見広告〕

お出かけは、地球環境に優しい市バスをぜひご利用ください。

川崎臨港倉庫埠頭株式会社

川崎港の発展を担う第３セクター

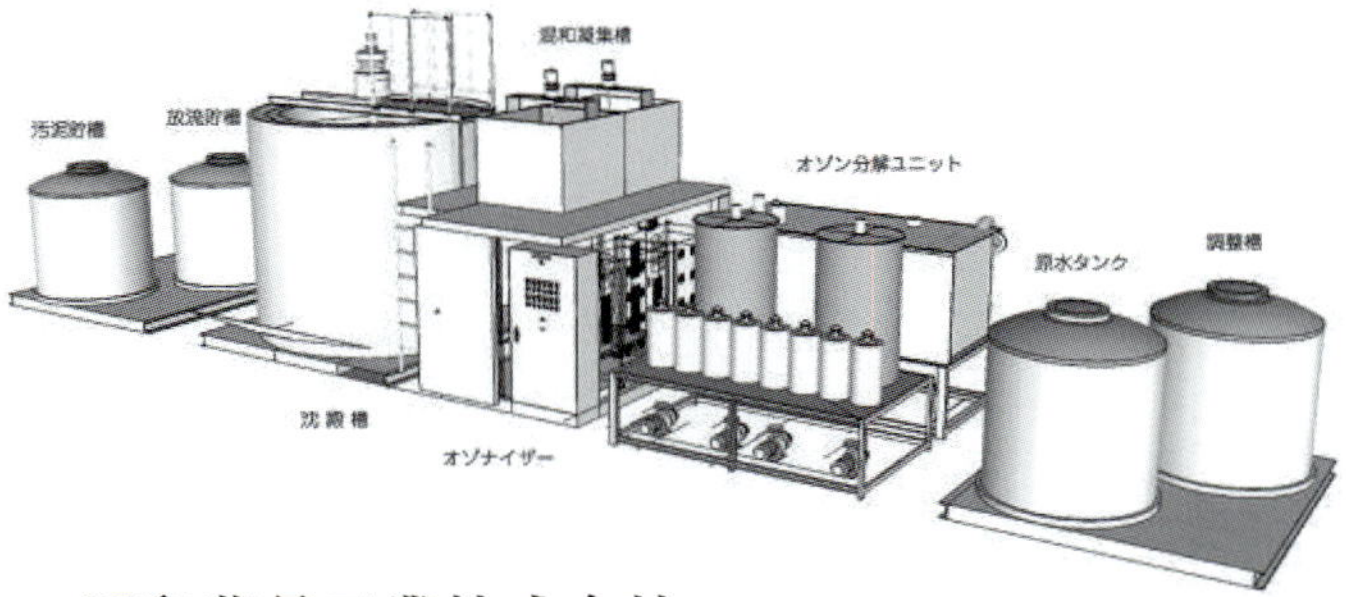

昭和薬品工業株式会社

革新的な工業技術を
裏から支えるプラント技術

菓子匠　末広庵

〝おいしさ〟と〝適正価格〟に
こだわる和菓子づくり

株式会社セレモニア

相互扶助の精神で、
人、心、文化をつなぐ

株式会社仙崎鐵工所

「誠実と愛情」「先見と挑戦」が
支えてきた技術者の魂

株式会社 チッタ エンタテイメント

川崎の近代エンタテイメント史は
チッタから始まる

株式会社トーキンオール

モノづくりで未来にこぎ出す

日本スタンダード株式会社

食用油濾過機のパイオニアから
さまざまなビジネスへ

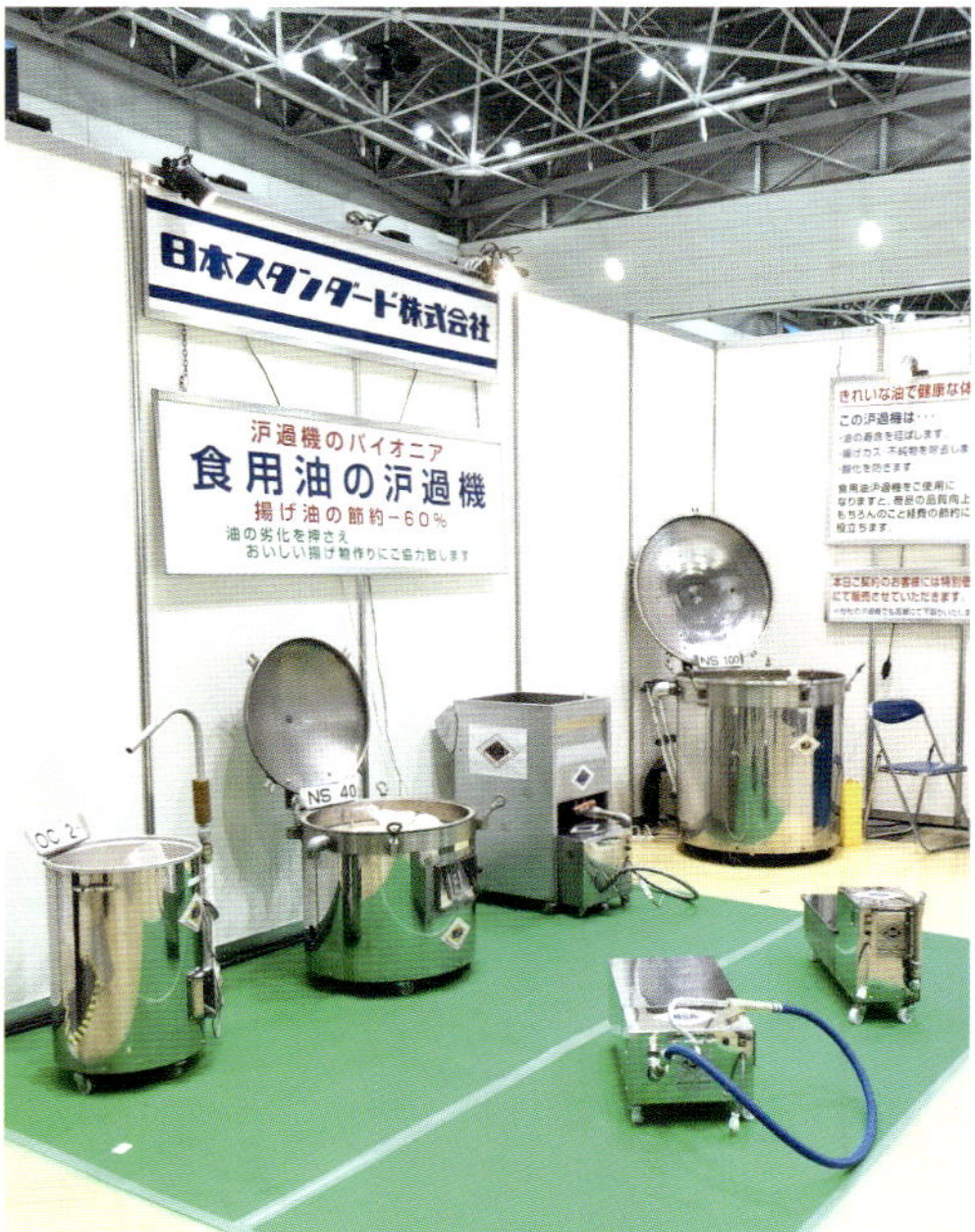

モナリザン

洋食と本格イタリアンに
ワインを添えて

ユースキン製薬株式会社

世界中の働く手、
頑張る手のために

株式会社 北野書店

本と出会い、人と出会う。
街の未来を育む地域書店

株式会社　大山組

まちに寄り添い、まちづくりを
応援する建設会社

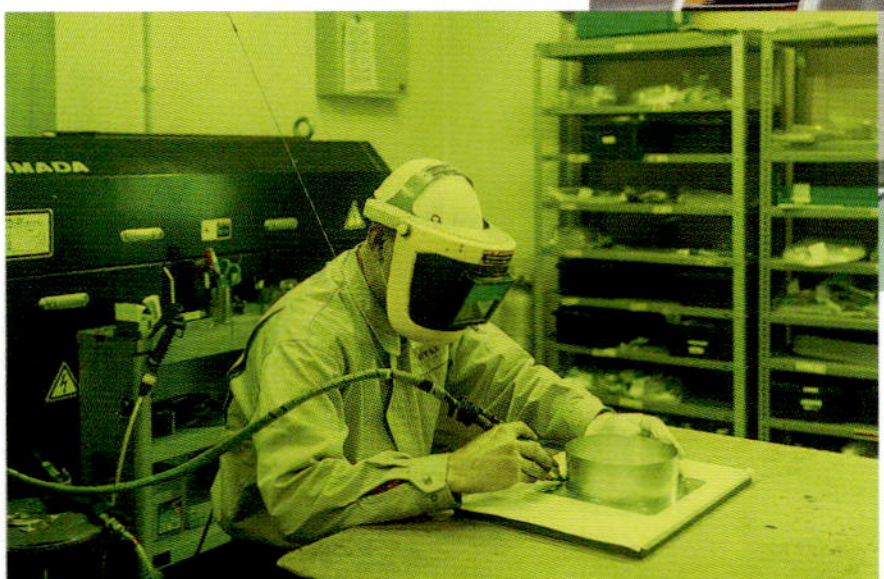

株式会社スタックス

危機を乗り越えた技術力を
未来に継承するために

株式会社 保険企画

ひらめきと信頼と。人間関係の
中で成長の土台を築く

佐々木工機株式会社

高い技術力に裏打ちされた
ものづくり魂

露木建設株式会社

お客さまと市民の喜びを通した
川崎の街づくりを

株式会社ホンダクリオ共立

人との出会いを信頼につなげる
セールスマンの魂

かわさき長寿企業❷

半世紀の歩みとともに

[目次]

発刊にあたって

川崎商工会議所 会頭
山田 長満

この度、「かわさき百年企業～創業者の思い、今へ、未来へ～」（２０１３年発刊）、「かわさき長寿企業～半世紀の歩みとともに～」（２０１４年発刊）に続き「かわさき長寿企業２」を発刊させていただくこととなりました。50年以上という長きに亘り事業を続けてこられた川崎の企業20社の辿られた足跡から、川崎地域経済を振り返り将来への指針としていただければ幸いです。本書発刊にあたり、ご協力いただいた企業の経営者の皆さま、ご関係の皆さまに心から感謝とお礼を申し上げると共に、今日に至るまで日々弛まぬ努力を積み重ね、様々な苦難を乗り越えてきた皆さまに敬意を表する次第であります。

今から50年前と申しますと、「もはや戦後ではない」と戦後復興の完了を宣言し、重厚長大に代表される重化学工業の飛躍的な発展が日本経済をけん引、池田勇人内閣による「所得倍増計画」が発表される等、高度経済成長の恩恵が享受される時代でした。その後、2度の石油危機を経験、高度経済成長の終焉を迎えると資産価格の異常な高騰によるバブル、そしてその反動から来る平成不況を迎えます。

本書でご紹介させていただくのは、戦争や災害に加え、目まぐるしく変わる市場環境への対応、事業承継問題といった様々な困難を乗り越え、今日を迎えた企業の皆さまであります。その足跡の中に、現在日本経済が抱える諸問題を解決するためのヒントが内包されていると考えております。そしてこの歩みを参考にしていただき、この川崎で多くの企業が50年100年と発展していくことを願っております。

近年、日本の中小企業経営者の高齢化が叫ばれる中、黒字経営であるにもかかわらず休業・解散に追い込まれる事例が後を絶ちません。そこには、事業承継問題という日本経済が抱える大きな問題が横たわっています。事業継続や成長のポテンシャルの高い企業がこうした事態に追い込まれてしまうのは地域経済にとって大変な損失であると考えます。

川崎商工会議所では、「日本一魅力的な商工会議所に」をスローガンに、川崎市内外に誇るべき長寿企業の足跡から学び、起業・創業支援と既存企業の持続的発展の支援を成長の両輪として、川崎市や関係機関と緊密に連携・協力しオール川崎で少しでも皆さまのお役に立てるよう努めて参ります。

結びに、今回掲載いただいた長寿企業の皆さまと関係者の皆さまに次の50年100年に向けた益々のご繁栄を祈念申し上げ、挨拶とさせていただきます。

祝辞

川崎市長

福田紀彦

この度は、「かわさき長寿企業2」の発刊、誠におめでとうございます。

2014年の「かわさき長寿企業～半世紀の歩みとともに～」に引き続いてこのような書籍を発刊されましたことに、取りまとめられた川崎商工会議所をはじめ関係者の皆さま方に深く感謝申し上げます。

今から半世紀前と申しますと、1964年の東京オリンピック開催を契機とした大規模なインフラ整備や、国内市場の拡大などを背景に、1968年には国民総生産（GNP）が資本主義国において第2位に成長するなど、我が国は高度経済成長期の真っ只中でございました。

本市におきましても、高度経済成長の追い風を受けて、鉄鋼・電機・食料品・石油・化学・輸送機など、様々な産業の集積が進み、人口も90万人を超えるなど、その後の政令指定都市移行へ向け、国内でも屈指の大都市へと発展を遂げつつある時期でございました。

今回、「かわさき長寿企業」として取り上げられております20社は、その後のオイルショックやバブル崩壊、近年ではリーマンショック等の不況のほか、周辺環境の変化といった様々な荒波を乗り越え、環境変化に対応しながら、半世紀以上事業を継続してこられた事業者の皆さまでございます。

これらの事業者の皆さまの経営理念や培われたノウハウは、市内外を問わず、多くの事業者にとっての経営課題である事業承継を考えるうえで、示唆に富んだ有意義なものであるものと確信をしております。

様々な事業者の皆さまに、このように長きにわたって市民生活や本市経済を支えていただいておりますことに、心より敬意と感謝の意を表しますとともに、今後１００年、１５０年と事業が継続・発展されますよう御祈念申し上げます。

本市も、２０２４年に市制１００周年を迎えます。これまでの川崎が培ってきた「成長力」と「多様性」を生かし、新しい川崎を創造していく好機として、これまで本市を支えてくださった皆様とともに、川崎が私たちにとっての「最幸のまち」となるよう力を合わせてまいりたいと考えておりますので、引き続き御協力いただきますようお願い申し上げます。

末筆ではございますが、多くの皆さまがこの本を手に取られますことを御祈念申し上げ、御挨拶とさせていただきます。

01

割烹蒲焼　大沼

川崎人に愛される鰻と和食

屋台からのスタート

鰻料理の歴史は古いが、現在のような蒲焼きが誕生したのは、醤油が普及した18世紀後半といわれている。江戸時代の落語に、屋台で蒲焼きを焼く匂いをかぎながら飯を食べる話があるように、当時の蒲焼きは露店や屋台で売られる庶民の味だった。川崎の老舗鰻屋として知られる大沼の創業者・大沼四郎の第一歩も屋台から始まっている。

１９１６（大正５）年、山形県酒田市の漁師の家に生まれた四郎は、上京して麻布十番（東京都港区）の鰻屋やつめやで修行を積んだ。そして１９４１（昭和16）年に25歳で独立し、間もなく同郷の大工の棟梁の娘・花子と結婚した。関東大震災後、多くの大工が復興需要のために東京に集まり、その人脈の中から生まれた見合い話が実ったものらしい。

昭和20年代前半の大沼（左）

四郎より3歳年下の花子は東北帝国大学医学部付属医院看護婦養成所を卒業し、看護師として満州に渡ったしっかり者だった。

四郎が川崎で開業した理由はよくわからないが、次々と大きな工場が進出して活気づく好景気に加え、地縁による誘いや紹介があったのかもしれない。

ところが嫁をもらい、さあ、これからという1943（昭和18）年に赤紙が届き、花子は故郷に戻って1944（昭和19）年に長男・洋征を産んだ。そして終戦後、無事に帰省した四郎は再び川崎に戻り、公設通り（現在の平和通り）の一角に店を構え、1946（昭和21）年に次男の和朗が誕生した。長男の名は海軍に入隊した四郎の無事と活躍を、次男の名は平和な時代の到来を喜ぶものである。

昭和20年代後半の大沼と
創業者の四郎

「川魚料理」の看板を掲げた大沼は、鰻、ドジョウやイナゴ、故郷の山形から送られてくるヤツメウナギなどを売り、ガラスの水槽で泳ぐ鯉もよく売れた。当初は多摩川でも鰻が採れたが、そのうち新橋まで自転車で仕入れに通うようになった。

復興が進む川崎では、駅前に銀柳街、仲見世通りなどの商店街が生まれ、川崎競馬場、川崎競輪場、労働会館、川崎球場などが次々と造られた。平和通商盛会を発足させた平和通りは大いに賑わい、休日ともなると向かいの店が見えないほどの人が訪れた。そんな中で四郎は1953（昭和28）年に有限会社大沼を設立、区画整理や土地の買い足しなどで敷地を広げ、1990（平成2）年の東田地区の再開発に伴い、現在地（東田町8・パレール1階）で営業を続けている。

息子二人を中華と和食へ

2歳違いの洋征と和朗兄弟は仲良く成長し、ともに川崎市立宮前小学校に入学した。「川崎球場の裏手の清水池（現・富士見公園）でザリガニがよく取れ、体育館と野球場の間に引揚者向けのアパートが建っていた。小学校は児童数が多くて教室が足りず、午前と午後の二部授業。1952（昭和27）年には木造校舎が火事で焼けてしまった」

日本の高度経済成長が始まった1954（昭和29）年、四郎は宮本町で「料亭大沼」の経営に乗り出した。料亭の流行廃りは仲居次第と言われるが、女将の花子の切り盛りと「店が客を持つ」という四郎の経営姿勢で成功し、毎年元旦には四郎夫妻の自宅を従業員が訪ね、酒とおせち料理で日頃の労をねぎらう習慣が長く続いた。

1969（昭和44）年には平和通りの閉店した靴屋を買い取って取り壊し、4階建ての「中華飯店大沼」をオープンさせた。いわゆる『街の中華屋』ではなく、当時はまだ珍しかった本格的な四川料理の店である。商店街の真ん中に閉じたままの店があることは好ましくないため、商店

昭和30年代の大沼

会の副会長だった四郎が一肌脱いだのだ。

そうした父の背中を見て育った洋征と和朗は、当然のように料理人の道を志し、四郎の意を受けて、洋征は中華、和朗は和食を学ぶことになった。

1970（昭和45）年、洋征は「四川料理の父」と呼ばれた陳建民氏の四川飯店赤坂店の開店から、和朗は京料理界で知られた先斗町の名店で修行を積んだ。2代目代表取締役を継いだ洋征の片腕として共に大沼を盛り立てていく和朗は、当時をこう振り返っている。

「父と東京の大塚にある老舗『料亭宮川』を訪ねた。そこの後継ぎが大沼で修行していたことがあったからですが、『もう話はしてあるから』と、そのまま東京駅から京都へ送り出されました」

こうして2人の後継ぎを得た四郎は1980（昭和55）年、横浜駅東口に新たにできた「横浜東口地下街ポルタ店」への出店を決めたが、オープンを見ることなく63歳で病没し、大沼は洋征・和朗の二人三脚の時代になった。

祖業の鰻へのこだわり

大沼は創業以来、素材の質や鮮度にこだわり、鮮魚は築地から、鰻は長年の付き合いがあって信頼できる目利きの問屋から仕入れ、山椒は最高級品質と評される紀州ぶどう山椒。洋征も和朗も鰻職人ではないが、父譲りの知識と経験から鰻料理や蒲焼きに対する思い入れは強く、他店を食べ歩いて味の違いもよく知っている。築地に50年以上通う洋征はこう語る。

「築地にはいわゆる築地気質があり、阿吽の呼吸を知らないと良い仕入れはできない。最近は稚魚不足も深刻で、先行きには不安も感じています」

鰻の老舗は近年、専門の鰻職人の減少と高齢化にも直面している。大きな炎の上で豪快に鉄鍋を振る中華料理人には派手さがあり、繊細な包丁さばきや美しい仕上がりに腕を振るう和食の料理人には華がある。それに比べて鰻職人は地味で、技術の習得や上達に長い年月がかかる。親方が弟子を育てる風潮も薄れ、近年の人材難は深刻だ。まさに「串打ち三年、裂き八年、焼きは一生」の世界だが、後継者難から竹串を鉄串に変えたり、炭火をガスに変えたりする名店も少なくない。

左から、創業者の四郎・花子と2代目の和子・洋征。元旦には和服で従業員を自宅に迎えた

また、蒲焼きなどの「焼き物は炭火に限る」と言われるのは、炭火が発する遠赤外線と近赤外線が輻射熱によって食材を加熱するからである。遠赤外線は食材の表面をカリッと焼き上げ、近赤外線は食材内部から加熱する効果がある。加熱効果が高いので、色や香り、旨味が保たれ、食材の脂が炭に落ちると煙が立ちのぼり、スモークされたような風味も食欲をそそるが、その分、炭火の前で強烈な輻射熱を浴び続ける鰻職人は過酷な仕事でもある。

「蒲焼きは炭火で焼くのがいちばんだが、地下街のポルタ店は消防法の規則で炭火が使えなかった。そうした制約に加え、ポルタが19

90（平成2）年の大規模リニューアルで『リトルイタリー』というコンセプトを打ち出したので撤退を決めました」

飲食業は時代による嗜好の変化にも対応していかなければならない。四郎が修行を積んだやつめやのタレは最近の水準で言えば甘めだったが、長く愛されてきた味はおいそれとは変えられないものである。

「大沼では長くマンジョウ本みりんを使っていますが、一度、他のものに変えてみたら思うようなコクが出せなかった。元の味に戻すのにたいそう苦労したし、醤油も時代によって味や風味が変わってきている。材料が変わっても、〝これが大沼の味〟という一線を守っていきたい」

老舗としてのクオリティを高める

かつての宮本町には2か所の見番があり、芸者さんが行き交う華やかな街だった。企業はふんだんな交際費枠を持ち、接待の王道である料亭とゴルフ場は大いに潤い、その恩恵は料亭大沼にも及んだが、1990年代になると過剰な接待や飲食に世間の厳しい目が向けられ、接待交際費の規制が厳しくなった。いわゆる法人交際費はバブル崩壊直後の1992（平成4）年から減少に転じ、その影響は多くの料亭を直撃した。

「既存の料亭を買って増築したため、部屋への案内や料理や飲み物を運ぶ動線が悪かった。あらかじめセッティングしておける宴会はともかく、人件費がかさむ料亭経営は時代に合わなくなっていきました」

洋征と和朗は老舗としての生き残りをかけ、２０００（平成12）年に中華飯店大沼を、２００８（平成20）年に料亭大沼を閉めた。

「一食一食のクオリティを上げて長く残るような店にしよう。川崎は古い街で、一度信用を落としたら立ち直れないが、信用されれば長く続けられる、愛される」

それが、２代目兄弟がともに抱いた信念だった。鮨、天ぷら、鰻といった昔ながらの専門店は代替わりなどを機に姿を消し、周りはチェーン店ばかり。価格競争も激しさを増す一方だ。そこで長い経験とノウハウの蓄積がある鰻と和食というカテゴリーに絞り、季節感のあるメニューやふぐ料理などにも力を入れている。

「調理場を広くして、和食と鰻、それぞれの親方がいる。１軒に２店舗が入っているようなものだから、お客様にとってはコストパフォーマンスがいいと思います」

大沼の特徴は、２代目世代の兄弟が車の両輪のように店の成長を支え、仕事と責任の棲み分けがスムーズに行われてきたことだ。二人はこう口をそろえる。

「一から十まで全部ひとりでできるわけではないから、自然と補い合い、助け合ってこられた。私たちに中華や和食を学ばせた父の真意

宮本町にあった料亭大沼

は今もわからないが、料理界に人脈が広がったことはずっと大きな財産になってきた。それに、二人そろって鰻職人になっていたら、今とは別な形になっていたかもしれない」

3代目を受け継ぐ娘婿の鉄二を洋征と和朗はこう気遣う。

「普通のサラリーマン家庭で育った人から見ると、飲食店の生活感覚や価値観は全く違うと感じると思う。慣れるまでは大変だろうが、変えずに受け継ぐものと、新たにつくるものとのバランスを考えながら、大沼の味を受け継いでいってもらいたい」

大沼家の玄関には、横浜ポルタから退店する際、路上を歩いていた小さな亀が今も飼われている。それは一度広げたビジネスを見直して集約するという選択が吉祥であった証しであり、大沼の長寿と繁栄の象徴でもある。

大沼洋征代表

01 割烹蒲焼　大沼

企業プロフィール

商　　号：有限会社　大沼
本　　社：川崎市川崎区東田町8
パレール1階
代 表 者：大沼洋征
創　　業：1941年（昭和16年）
設　　立：1953年（昭和28年）
事業内容：割烹・鰻
T E L：044-222-6077
F A X：044-233-3465
http://www.unagi-oonuma.com/

持続可能なまちづくりを設計技術で支える循環型事業承継組織

設計事務所を夢見て

建築設計・監理業務の中で意匠設計・監理、構造設計・監理、また耐震診断、耐震改修設計・監理などを幅広く手がける株式会社川崎設計の創業者・坂東良平は1925（大正14）年、静岡県の清水（現静岡市清水区）で誕生した。父は地元では知られた大工で、若者に大工仕事を教える学校を主宰していた。そうした環境で育った良平は成長とともに建築に興味を持ち、静岡県立浜松工業学校（現浜松工業高等学校）建築科を経て、横浜工業専門学校（現横浜国立大学）建築科へ進んだ。学生時代は太平洋戦争の真っ最中で、卒業は終戦間もない1945（昭和20）年9月である。

良平は空襲で焼け野原となった川崎市川中島町の株式会社木村工務店に就職したが、翌年の夏に帰郷、株式会社竹中工務店の静岡支店で働き始めた。軍需工場があった静岡も1945（昭和20）年6月の大空襲で焼き尽くされ、故郷の清水も7月の空襲で市街地の半分以上が焼失していた。

戦後の建設業を支えたのは、進駐軍工事と公共施設の復興工事で、やがて企業の生産拠点の復旧、整備などへと広がっていく。それは建設業の近代化を促すものでもあったが、良平は「自分の設計事務所を持ちたい」という思いを募らせていった。そして24歳で竹中工務店を辞め、清水で自営の設計請負業を始めた。

その後、結婚を機に川崎に戻り、川崎大師駅前に居を構えた。妻・静枝の実家は川崎大師出入りの大工で、静枝は洋品店を開いて家計を助けた。そして1959（昭和34）年2月、川崎市本町に念願の「坂東建築設計事務所」を立ち上げた。神奈川県に登録した一級建築士事務所の登録番号は342号で、川崎市内としてはかなり早い。

後に2代目を継ぐ保則は1955（昭和30）年に生まれ、地元の若宮幼稚園、川中島小学校へ進んだ。1964（昭和39）年、一家は鶴見に引っ越すが、保則は父の自転車に乗せられて、よく事務所や現場へ連れて行かれた。

「当時の図面は青焼きが主流だった。トレーシングペーパーに線を引き、感光紙と重ねて感光機にかける。それを筒の中に入れてアンモニアの液をたらすと、青い線が浮かび上がるのをよく見ていた」

立ち上げたばかりの個人事務所を支えたのは、横浜市の創和建築事務所の下請け仕事だった。横浜工専時代のつながりが活かされたのである。そして事業が軌道に乗った1976（昭和51）年3月、株式会社に改組して「株式会社　川崎設計」となった。

1987年完成の現社屋

意匠設計と構造設計の2本柱

昭和50年代の仕事は一般住宅に加え、商業ビルや事務所ビルの新築設計が多かった。京急川崎駅に近いニューハトヤビルの新築設計もそのひとつである。川崎信用金庫の仕事は1977（昭和52）年の向ヶ丘支店の新築工事の設計・監理から始まり、大倉山、梶ヶ谷、宮内、向河原、吉田橋、宿河原、遠藤町、渡田、新百合ヶ丘、向ヶ丘、鹿島田、高津、潮見橋などの支店の設計・監理を次々と手がけ、その後、川信関連企業からの依頼が増えた。

「金融機関の建物の設計には高い防犯性能が求められ、特殊なノウハウが必要になる。川崎信用金庫における実績のおかげで、他の金融機関の関係者からも依頼がくるようになりました」

そう語る保則は父の背中を見て建築を志し、横浜翠嵐高校から日本大学理工学部建築学科に進んだ。そして日大が伝統的に力を入れている構造設計に興味を持ち、卒業後は組織の中で経験を積みたいと考えるようになった。建築設計には、建物の目に見える部分をデザインする意匠設計、建物の骨組みを計画して必要な強度を確保・維持する構造設計、電気、空調、給排水などの設備を計画する設備設計、資材や機器のコストを計算する積算などの専門事務所が存在する。川崎設計はいわゆる意匠事務所で、構造設計や設備設計は専門の事務所に外注していた。

「子供の頃から父の仕事を見て自然に建築を志したが、日大で学ぶうちに構造設計に興味を持ち、

1977年竣工ニューハトヤビル
新築工事

組織の中で経験を積みたいと考えるようになりました」

ところが保則が大学を卒業する１９７７（昭和52）年はオイルショックの影響で、新卒採用がほとんどないほどの就職難。そんな保則に声をかけたのが、川崎設計が構造設計を外注していた株式会社正興建築設計事務所（川崎区宮前町）だった。社長や役員の多くが日大出身者で、保則が構造設計に関心を持っていることを知った上での誘いだった。

正興建築設計事務所に就職した保則は、川崎設計からの仕事を含めて構造設計の経験を積み、１９８３（昭和58）年7月、父の事務所に移った。こうして川崎設計は意匠と構造の２本柱を持つ設計事務所となったのである。

川崎市建築家の会で市の受注を受ける

自らの設計事務所の仕事に加え、良平が精力的に取り組んだのが、川崎市から受注を得ることだった。そのため、１９７５（昭和50）年8月に会員16人で任意団体「川崎市建築家の会」を結成、会長に就任した。

当時、川崎市が発注する仕事のうち、大がかりなものはほとんどが東京の大手、あるいは横浜の設

信用機関からの信頼は篤く多くの店舗を手がける。川崎信用金庫新百合ヶ丘支店新築工事（麻生区上麻生・1992年）

千年新町住宅新築第３号工事（高津区千年新町・1999年）

計事務所に出されていた。逆に小規模であれば、市の技術職員が自ら行う「庁内設計」で済ませてしまう。市内の業者に回ってくるのは市の職員の手に負えない構造設計のみだった。そのため、良平はいつもこう言っていた。

「小さいものでもかまわない。図面の一枚でもかまわないから、市内の業者に発注してほしい」

そして１９９３（平成５）年、広範な領域にまたがる設計業務を包括的に履行するため、任意団体を解散して「協同組合　川崎市建築家の会」を設立、川崎市内の設計事務所17社のほか、サッシなどの金属建具、衛生陶器、内外装、地質調査、防水、エレベーターなど、周辺事業47社が賛助会員として加わった。さらに１９９７（平成９）年には、中小企業庁が認定する「官公需適格組合」の認証を取得し、国や地方自治体が公共工事を発注する際、競争入札を行わず、特定の業者を指定して契約する特命随意契約を結ぶことも可能となった。

良平らの長年の努力もあり、今日では川崎市から市内業者への発注はかつてとは比較にならないほど増えた。保則は「協同組合　川崎市建築家の会」の４代目、６代目の理事長を務め、市内の設計事務所の活性化に尽力している。

耐震診断の重要性が増す

現在の建築基準（新耐震基準）が施行された１９８１（昭和56）年以前に建設された建築物は新耐

震基準を満たしていない恐れがあり、場合によっては耐震診断が義務付けられているものもある。

「父の時代は新築の箱物が主流。今後も新築案件がなくなることはありませんが、時代とともに調査診断や耐震診断の件数が増えている。それだけ古い建物が多く、改修、建替えの時期に差しかかっていると言えます」

１９９５（平成７）年の阪神淡路大震災では、倒壊した建物の97％が81年以前に建設されたものだった。そのため国は、新耐震基準を満たさない古い建物の耐震改修を促進する新法（耐震改修促進法）を施行（２００６年に改正法施行）、これを受けて多くの自治体が耐震診断や耐震改修工事を促進する助成制度を設けた。

「自治体も耐震診断に力を入れ、まずは避難所となり得る学校の校舎や体育館を、次に庁舎関係、さらに公営住宅へと対象を広げていった。川崎市でも95年11月に川崎市体育館の改修工事と耐震診断を行い、これを当社が受注しました」

川崎市内の耐震診断も急増し、市内の公立小・中・高等学校や川崎市第2庁舎の耐震診断とそれに伴う耐震補強設計などが「協同組合　川崎市建築家の会」に発注された。

耐震診断の最大の問題は所要の耐震性能を確保できていないと判断された場合、耐震改修設計に進むのか、あるいは建替えに踏み切るのかという判断が当事者にとって非常に難しいということだ。

平安会館さいわい新築工事
（幸区神明町・2002年）

「私たちの仕事は、中長期保全計画なら保全費用、建替えなら工事費の見積もりを具体的に示し、客観的に判断できるような素材を提供すること。決してどちらかに誘導してはいけない。単純に建替え費用と保全費用を比べれば、圧倒的に建替えの方がコストはかかるが、30年先を比べるなら、保全費用に内装や水回りの更新費用も含めなければ公平ではない。そういう意味で、細部まで緻密に積み上げて提案するようにしています」

持続可能なまちづくりを目指して

耐震診断が主要業務のひとつとなりつつある川崎設計では、診断から各種改修設計及び建替え検討業務までのワンストップサービスに力を入れている。耐震診断は何らかの対策が必要になることがほとんどで、診断した当事者が相談に乗った方が発注者の安心感や利便性が高まるからだ。

「耐震診断・耐震改修は構造設計事務所が、建替えは意匠設計事務所が担当することが多い。意匠と構造の両方ができることが当社の強みになっているだけでなく、必要に応じて外部のスタッフとコンサルタント・チームを作り、お客様にとって最良の施工法やコスト削減のアイデアを提案しています」

川崎臨港消防署改修工事
（川崎区池上新町・2012年）

保則の右腕として会社を支える3代目の大輔は1986（昭和61）年生まれ。日本大学理工学部海洋建築工学科を卒業後、同大学院理工学研究科を修了し、構造設計を専門に行う株式会社エスパス建築事務所に就職した。そして２０１４（平成26）年、大型案件を受注した保則に呼び戻されて川崎設計に入社した。「もう3年は外で勉強したかった」という予定を前倒ししたのである。

「父からは好きなことをやれと言われていましたが、亡くなった祖母からよく〝おじいさんもお父さんも建築の設計をやっているんだから、大輔もやるのよね〟と言われていました。一級建築士の資格を取った時は祖父がすごく喜んでくれました」

大輔の妹の美乃利も兄と同じ学科を卒業後、同大学院理工学研究科を修了し、飛島建設株式会社で構造設計を行っている。

設計事務所開設を夢見た良平のＤＮＡは脈々と受け継がれ、持続可能な〝まちづくり〟を担うエキスパートとして川崎の未来を見据え、しっかりと根を張っている。

左：２代目 保則　右：３代目 大輔
中：初代 坂東良平

02 株式会社　川崎設計

企業プロフィール

商　　号：株式会社　川崎設計
本　　社：川崎市川崎区本町1-4-8
代 表 者：代表取締役　坂東保則
資 本 金：1,000万円
創　　業：1959年（昭和34年）
設　　立：1976年（昭和51年）
事業内容：建築設計・工事監理
T　E　L：044-233-2073
F　A　X：044-233-3531
http://www.kawasaki-sekkei.com/

大量輸送の時代から沿線価値創出の時代へ

川崎の成長とともに80年

1937（昭和12）年、鶴見臨港鉄道（現在のJR鶴見線）から独立した鶴見川崎臨港バス株式会社は、翌年川崎鶴見臨港バス株式会社（以下、臨港バス）に改称。会社が設立したのはこの時期で、それから80年が過ぎたが、実際にバスの運行を開始したのは1924（大正13）年まで遡る。

東日本で初めて電気バスを導入した技術力。戦争で男手の足りない時代に活躍した女性ドライバー。高度成長期から京浜工業地帯の従業員輸送を担い、川崎駅東口の開発への貢献など、時代の変化の中で川崎の街と歩んだ80年間の歴史とそこにまつわる社員の奮闘の跡は「『明日』を運び80年　川崎鶴見臨港バス物語（上・中・下）」として、神奈

昭和37年頃の川崎駅前のラッシュアワー。バスは通勤者の足として重要な存在だった

川新聞の紙面を飾った。

その記事の内容からも、臨港バスの社業が川崎の街の発展に大きく寄与したことは、想像に難くない。

魅力ある地域へ

80年を迎えた臨港バスではグループ企業の臨港エステート株式会社（以下、臨港エステート）が、移転した旧塩浜営業所の跡地にこの秋、物流系の大規模な賃貸ビルをオープンさせる。「リンコー塩浜ビル」は大手スーパーの加工食品のパッケージ詰め工場。

「塩浜は港に近いし、道路も広く、首都圏という大きな市場も背景にあります。このエリアはマンションが多くなり住民も急増していて、リサーチすると小学校高学年の子どもを持つファミリー層が多く、子どもが手から離れた主婦層の労働力が計算できます」と田中伸介社長。企業が進出すれば地域の雇用も拡大し、インフラも充実する。

臨港エステートでは川崎市、横浜市を中心とした沿線各地にワンルームマンションも経営し総戸数は６００戸以上になる。

平成30年秋にオープンするリンコー塩浜ビル

「このエリアは毎年人口が増え続けています。それも多くは若い世代です。」

前職の京浜急行電鉄時代に、港町駅前の再開発計画を主導した田中伸介社長。「港町のプロジェクトでは、そこに街づくりの拠点を作りましたが、これによりエリア全体のイメージが大きく変わりました」

キングスカイフロント周辺を走る臨港バス

電車やバスの乗降客もただ増えているだけでなく、これまでは京急線、ＪＲ線沿線などから臨海部に通勤する一方向だけの乗降客が、臨海部の住いから川崎・横浜や東京に向かうなど、双方向に動くので、交通機関としても効率がいい。

変わる川崎のウォータフロント

工場が海外に移って一時空洞化が見られた臨海地帯。キングスカイフロント計画によって、ライフサイエンスのリサーチパーク化が進み、老舗の味の素など大手企業も研究開発部門を拡充するという。海外からも研究者が集まり、アカデミックな環境が着々と整備される。さらに、２０２０年には川崎と羽田を結ぶ新しい橋が建設される。

「キングスカイフロントは羽田空港にいるよりも羽田全体がよく見えます。橋ができれば羽田空港の国際線ターミナルは約700メートルです。このエリアはますます発展するでしょう。国際空港は24時間体制で動きます。殿町にあるケータリングセンターも3交代制で操業するようです。航空会社さんからもバスの増便のご要望がありました。臨港バスグループも力を入れてお手伝いしたいと考えています」

田中社長にさまざまなアイデアがある。「例えば新しい形態のバスを導入して、新しい日本の象徴でもある羽田空港やキングスカイフロントから、京浜工業地帯の工場の夜景や川崎大師、總持寺、さらに川崎のディープな飲食店や江戸時代の東海道の歴史に触れる。横浜や横須賀にも足を伸ばせます。実現するかは分かりませんが、将来に向けて考えています。また、東南アジアなどの海外でも何らかのビジネスチャンスがないか検討したいですね」。東京から横須賀まで、東京湾臨海部を一つに見立てることであるいは、羽田空港から世界へと、沿線価値の可能性はさらに広がる。

沿線価値を高めるために

「夢見ケ崎動物公園への寄附をはじめとしたサポートも同様です。これまで市民でもあまり知られていなかった動物公園に、市民だけではなく横浜や東京など遠くからお客さまを集めることができたら、そして、喜んでくださるきっかけになれば、バスに乗車していただけるだけでなく、地域も活性化することになります。沿線価値も十分に高まります」。バス外観のラッピング塗装だけでなく、動物公園で飼育している動物のぬいぐるみや写真を車内に飾った応援バスまで作ってPRした。

「私たちはきっかけを作りますが、皆さんで協力していただかないと、広がっていきませんから」。市からは感謝状が届いた。

慢性的な人手不足の解消を

臨港バスは川崎市の東部、臨海部と横浜市の北東部を中心に、羽田空港から新横浜やたまプラーザに、川崎から東京湾アクアラインを渡り木更津に至る路線バスや貸切観光バスを運行している。臨港バスに限らず、このエリア全体は、神奈川県内でも特にバス利用者が多い地域であるが、企業や自治会からも路線の新設や増便の要望が後を絶たない。

「さまざまな手は打っていますが、バスの車両数は足りていても、人手不足、運転手不足で増便にお応えできず、その対応が当社の大きな課題でもあります」

80年の歴史を見ても、臨港バスは常に人手不足の時代が続いていた。「高度成長が続いていたら、労務倒産していた」という記述もあった。裏返してみると、この地域には常に乗客が多いということ

夢見ケ崎動物公園のラッピングをしたバスは子どもたちの人気者

になる。

そこで考えを進めているのが、連節バスの導入である。ただ、運行できる道路はあっても、駅前のバスターミナルなどで乗降スペースの確保が現状では難しい。地下化の工事が進む産業道路駅の地上に乗降スペースが作れないか模索している。

羽田やキングスカイフロントを起点とする路線では、いずれ輸送力の高いＬＲＴ（次世代型路面電車）やＢＲＴ（バス高速輸送システム）を導入できないか。輸送力の問題を解消するだけでなく、ヨーロッパ的なオシャレな外観で沿線イメージを高める。女性ドライバーのさらなる拡充など多彩な採用も含めて検討中だ。

そして、人手不足解消のもう一つの糸口と考えられるのは、沿線の外国人の採用である。

「外国人の皆さんの中にも運転技術はもちろん、日本語が堪能で、日本の文化を十分に理解している人もいます」

現在、外国籍の場合、自動車免許は普通に取得できるが、二種免許は事実上取得が制限されている。

「オリンピックでインバウンドのお客さまも増やそうとしているところなので、国家戦略特区として、二種免許の取得制限が緩和されると人手不足の解消につながるのですが」

創立80周年記念に運賃0円を実施。沿線では大きな話題になった。当時のリーフレット

80周年から100周年へ

創立80周年を記念して、2017（平成29）年11月19日、共同運行路線など一部の路線を除いて、「終日全線運賃0円」という画期的なキャンペーンを行った。これは日本でも初めてだそうだ。

「ここまで続いたのも、ご乗車いただいたお客さまのおかげですから」

「いずれは人口が減少していくので、私たちにとっては交流人口や就業人口を増やさなければなりません。人に動いてもらうことは、交通機関だけでなく、地域の活性化という意味では皆同じです」

国内外からの訪問者を増やす。そのためのお手伝い。街の魅力を高めて、訪れる人に喜んでもらう、きっかけづくり。

羽田と新横浜という2つのハブ、交通拠点に接しているだけに人の動きは敏感に反応する。さらに臨海部と羽田を結ぶ橋ができることにより、それは顕著なものになるだろう。東横線の綱島駅前も再開発で新しいバスターミナルが生まれる。

「公共性も当社の使命であるので、将来に向けて、まちづくりの面でもさらに拡充していきたいと考えています。企業力を活かして、このエリアが賑わい栄えるように積極的に先行投資をしていく考

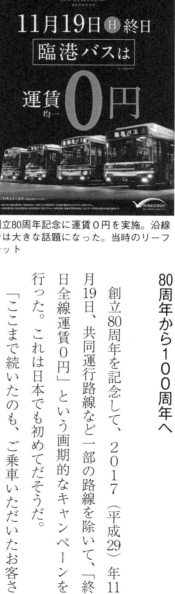

えです」

「交通事業者としてお客さまに応えていきたい。住む人にも、働く人にも、貢献したい。いい仕事を通じて、世の中をよくしていきたい」と田中社長は熱心に語る。

臨港バスの80年の歴史には、川崎の街を土台から支えるエネルギーがある。

「これからもチャレンジを続けます」

新しい形態のバス、街づくり、海外展開、それとももっと違う進化の形か。20年後の100周年に期待がかかる。

沿線価値を高めるために作成した社員がセレクトした周辺のガイドマップ

田中伸介社長

03 川崎鶴見臨港バス株式会社

企業プロフィール

商　　号：川崎鶴見臨港バス株式会社
本　　社：川崎市川崎区中瀬3-21-6
代 表 者：取締役社長　田中伸介
資 本 金：1億8,000万円
設　　立：1937年（昭和12年）11月18日
事業内容：一般旅客自動車運送事業（乗合バス等）一般旅客自動車運送事業の管理の受託（川崎市交通局）
T E L：044-280-3421
F A X：044-280-3430
事 業 所：浜川崎営業所、神明町営業所、塩浜営業所、鶴見営業所（グループ会社）株式会社鴨居自動車学校、臨港コミュニティ株式会社、臨港エステート株式会社
http://www.rinkobus.co.jp/

川崎港の発展を担う第3セクター

川崎港とともに歩む

川崎臨港倉庫埠頭株式会社の歴史をたどるため、まずは川崎港の歴史をさかのぼってみよう。明治末期から埋め立てが始まった川崎市の臨海部に港が開港したのは1926（大正15）年。埋め立て事業はその後も続き、造成地に進出した企業は各々専用埠頭を設けて、京浜工業地帯の中核を形成していった。

戦災からの復興が最大の課題であった1947（昭和22）年、政府は現在の川崎区千鳥町に、輸入食料や肥料の荷揚げ場を建設することを決定した。戦前に神奈川県が埋立事業を始めたものの、終戦によって工事が中断していた場所で、1953（昭和28）年に工事が再開された。これが川崎港における公共埠頭施設の始まりとなった。その間港湾法制定後の1951（昭和26）年6月、川崎市が港湾管理者として港湾開発や港湾運営を担うこととなり、名実ともに川崎港が誕生するとともに千鳥町の造成が進められた。

川崎市は1947（昭和22）年から旧倉庫業法により、千鳥町の海軍工廠跡地にあった旧海軍倉庫を移築・改築し、「市営倉庫」として運営を始めていたが、港湾法の制定や倉庫業法の一部改正により、従来のような市単独による倉庫業の業態を維持できなくなった。そこで1959（昭和34）年6月、地元の倉庫会社5社と「公私合同倉庫設立審議会」を設立して話し合いを重ね、1960（昭和35）年8月16日、川崎市が50％、三井埠頭株式会社、東洋埠頭株式会社、鈴江組倉庫株式会社、明治製糖株式会社、日本通運株式会社がそれぞれ10％ずつ出資して「川崎臨港倉庫株式会社」が誕生した。

いわゆる第3セクターである。ただし、この用語が公式文書に初めて使用されたのはこれより10年以上後の1973（昭和48）年、第2次田中角栄内閣における「経済社会基本計画」とされており、その意味では先駆的な官民合意だった。当時の日本は活発な設備投資に牽引された岩戸景気に沸き、同年末には池田勇人首相が「所得倍増計画」を発表している。

設立趣意書には、「新たな経営主体として、公共埠頭における公共性の保持と、民間の企業的創意と工夫を取り入れ、民主的でかつ能率的な公民共同出資による倉庫会社を設立し、川崎港の発展に寄与しようとするものである」と記されている。

1号倉庫は1961年5月に竣工、1981年10月に全面改修

1960年3月～1962年6月まで使用した創立時の本社事務所

業容の変遷

初代の取締役会長には金刺不二太郎（川崎市長）が就任、本社の陣容は取締役社長の下田行夫（前運輸省関東海運局長）と社員６名。当初は旧川崎市港湾局川崎港事務所を借用していたが、１９６２（昭和37）年３月、千鳥町に新設された港湾共同事務所に移転した。

市営埠頭における唯一の倉庫会社としての使命を果たすため、１９６７（昭和42）年までに倉庫４棟を新設、老朽化していた８棟の倉庫を順次建て替え、東扇島と千鳥町を結ぶ海底トンネルが開通した１９７９（昭和54）年には東扇島で野積み場の運営を開始した。

発足当初は肥料、飼料の取扱いが多く、「上肩《うわかた》」と呼ばれる港湾作業員が厚い布切れを肩に当て、荷揚げや荷下ろしをしていた。フォークリフトやパレットが登場するまでは、まさに人海戦術の手作業が頼りだった。

1988年完成の旧本社事務所（千鳥町22-3）

昭和40年代になると、化学薬品、工業原料、モルト（麦芽）、洗剤（紙箱物）、合成ゴムなど、扱う品種が増えていく。特に洗剤（紙箱物）の荷主であるライオン株式会社とは、浮島工場が千葉工場に統合される１９９８（平成10）年まで長期にわたり取引がなされた。昭和50年代は健全で安定的な経営基盤が築かれた時期で、昭和60年代には伝票に合わせて倉庫内の商品を出荷するピッキング作業も行われるようになった。

保管貨物の入庫高は右肩上がりで伸び、7期目の1966（昭和41）年には10万トンを超えた。売上高も同様で、15期目の1974（昭和49）年に3億円を突破、創業20周年の節目となる1980（昭和55）年には約6億円に倍増。そして26期目の1985（昭和60）年には設立以来の最高営業収入（12億円）を達成している。

昭和50年代は施設のリニューアルを進めた時期でもある。経年劣化の補修に加え、消火設備、バーチレーター、自動プラットフォームなどを新設して安全性や省力化を図り、昭和60年代になるとオフィスコンピューターを導入、入出庫管理が大幅に簡素化された。リニューアルされた倉庫は需要が高く、収益の安定化に寄与した。中でもイタリアの高級家具メーカーであるカッシーナ・イクスシーは当社倉庫を20年以上にわたりストックセンターとして利用し、収益の大きな柱となった。

1988（昭和63）年12月に3階建ての本社事務所千鳥町22番3号が完成、1998（平成10）年には東扇島倉庫が完成した。

港湾貨物のうち、輸送機器、砂利、砂、石材、原木（製材）など「屋外保管」される貨物は、「荷さばき地」や「野積み場」に保管される。ところが1990年代になると木材の多くが原木から製材、さらに乾燥木材へと変わり、川崎港木材取扱同業会からの要望もあり、屋内施設の増強が急務となった。そこで1997（平成9）年、野積み場の一形態として千鳥町18番7号にテントハウス（雨天荷役施設）2棟を建設し、取扱量が急増し

乾燥木材需要の急増で建てられたテントハウスは業容拡大に貢献

た乾燥木材の保管場所を確保した。さらに２０００（平成12）年以降も千鳥町20番地1号に2棟、千鳥町6番地6号に4棟、東扇島60番地に3棟のテントハウスを建設し、現在もこの11棟を運営している。

コンテナターミナル事業に進出

２０１０年代になると、政府は国内港湾の国際競争力を高めるため、「港湾の選択と集中」「港湾運営の民営化」を掲げ、港湾法の改正を行った。川崎港は改正前に23港あった特定重要港から5港（京浜＝東京・川崎・横浜／阪神＝大阪・神戸）に絞られた国際戦略港湾に位置づけられた。

国際戦略港湾を運営する港湾運営会社は港湾法で港域（京浜、阪神等）ごとに「1社」に限定されたが、移行段階における特例として、京浜港（東京・川崎・横浜）では港ごとに特例港湾運営会社を指定できる措置が取られた。そこで川崎港においては、特例港湾運営会社が国有財産である岸壁の貸し付けを国から受けるとともに、岸壁背後地の市有財産である荷さばき地やガントリークレーンなどは指定管理者制度を併用することにより、川崎港コンテナターミナルの一体的な管理運営を行いつつ段階的に民営化を進める方針を打ち出した。

２０１３年（平成25）年9月、社名を「川崎臨港倉庫埠頭株式会社」に改め、同年10月に川崎市長より川崎港コンテナターミナルの指定管理者と

川崎港コンテナターミナル

して、２０１４（平成26）年1月には国土交通省より特例港湾運営会社としてそれぞれ指定を受けた。そして同年4月より、川崎港コンテナターミナルの一体的管理・運営を開始し、川崎港の物流活性化に寄与することになった。同年11月には千鳥町7番1号に事務所棟のポートサイドカワサキと埠頭1号倉庫が竣工、本社を移転した。代表取締役会長の瀧峠雅介はこう語る。

「倉庫業者として半世紀を超える歴史の上に、場所も業態も違うコンテナターミナルの指定管理という新しい業務が加わった。ポートサイドカワサキには30数社が入居して、倉庫、コンテナターミナル、事務所ビルの運営という3つの柱ができました。非常に大きな転機だったと思っています」

特例港湾運営会社はあくまでも過渡的なもので、将来的には京浜3港の統合港湾運営会社を目指す。

創立50周年当時の役員
第12代 代表取締役会長 永野幸三（前列中央）

その第一段階として川崎と横浜2港の統合を先行することとなり、２０１６（平成28）年1月、横浜市の出資法人である横浜港埠頭株式会社から新設分割され横浜川崎国際港湾株式会社（ＹＫＩＰ・横浜市西区）が誕生。同年3月、第三者割当増資が実施され国、川崎市などが出資した。なお、国の出資が実現したことにより、横浜川崎国際港湾株式会社は特定港湾運営会社となった。

それに伴い、川崎臨港倉庫埠頭は特例港湾運営会社の指定を返上し、新たに特定港湾運営会社に指定された横浜川崎国際港湾株式会社から岸壁の転貸を受けるとともに、川崎市の港湾財産については、横浜川崎国際港湾と川崎臨港倉庫埠頭の共同事業体である「横浜川崎国際港湾・川崎臨港倉庫埠頭共同事業体」が新たに指定管理者に指定された。

港湾運営会社制度は、これまで港湾管理者が行ってきた港湾運営を、「民」の視点を持つ株式会社が行うという大転換で、複数港にまたがるコンテナターミナルを一体的に運営する画期的な取り組みである。川崎港コンテナターミナルの取扱貨物量は12万ＴＥＵを超える規模までに成長し、川崎臨港倉庫埠頭に期待される役割も日増しに大きなものとなっている。

変わりゆく港とともに

港湾物流は国内外の経済や需給動向に左右されやすく、近年は自然災害や天候による影響も看過できない状況がある。２００４（平成16）年には台風の影響で発生した竜巻で倉庫の屋根が飛ばされ、天窓や門扉、シャッターが破損するなどの大きな被害を受け、２０１１（平成23）年の東日本大震災では停電で業務が滞るなどの被害も被っている。倉庫や港湾関連施設の防災対策が一層重要となるが、社会経済情勢の変化や消費者ニーズの動向なども的確に捉えていかなければならない。

川崎港開港からおよそ70年、千鳥町地区では多くの施設が建設から40年以上経過し、取扱貨物の変化に伴う貨物の混在、諸機能の低下などの問題が顕在化してきた。そのため、川崎市による「川崎港千鳥町再整備計画」に基づき、荷さばき地や倉庫の再配置などによる土地利用の再編、岸壁の耐震化や道路設備などの施設更新を通じた港湾物流機能の再編整備が進められている。

「千鳥町再整備の具体的なスケジュールはまだ決定してないが、周辺では広域的な道路の延伸や東扇島・水江町間の架橋事業、いくつかの大型物流センターの計画なども進行し、川崎港のポテンシャルはさらに高まるだろう。倉庫に対するニーズや港湾ロジスティクス・ハブの形成などを見据えつつ、川崎港の港湾関連事業者と協力しながら、こうしたビジネスチャンスを活かして積極的なポートセールスや新たな物流拠点づくりに取り組んでいく」ことがますます求められている。

川崎は様々なビジネスチャンスが生まれる夢と希望に満ちた街である。川崎臨港倉庫埠頭は海の玄関である港から、経済の活性化の源泉となる物流を通じ、公共性と公益性を備えた企業として、これからも川崎の発展を支え続けていく。

左)代表取締役会長　瀧峠雅介
右)取締役統括部長　矢萩　潤

04 川崎臨港倉庫埠頭株式会社

企業プロフィール

商　　号：川崎臨港倉庫埠頭株式会社
本　　社：川崎市川崎区千鳥町7-1
代 表 者：代表取締役会長　瀧峠雅介
資 本 金：1億円
創　　業：1960年（昭和35年）
設　　立：1960年（昭和35年）
事業内容：倉庫業・川崎港コンテナターミナル運営事業
T E L：044-266-8993
F A X：044-277-4966
http://www.rinko-soko.co.jp/

革新的な工業技術を裏から支えるプラント技術

技術者の魂が結集して

第一次世界大戦後、日本政府は欧米列強に追いつくために、国策として工業技術の習得に力を入れた。その一つ、アンモニア合成、硝酸合成技術の開発を目的として、1918（大正7）年に臨時窒素研究所（昭和3年5月に東京工業試験所に吸収）を設立、研究者横山武一らはドイツでの視察の後、研究し「東工試法」のアンモニア合成に成功した。

この技術を事業化するために昭和肥料株式会社（後の昭和電工株式会社）が設立され、事業が円滑に進むように、横山らの技術者を送り込み、特許権も付託した。横山は37歳の若さで工場長となった。

その横山の下で働いた一人が、茨城出身の青年、魚津利だった。水戸商業時代は軟式テニスで全日本中等

初代社長、横山武一。アンモニア合成工業化の功績で昭和38年に紫綬褒章、40年に勲三等瑞宝章を受章。現在もインターネット上に論文が残る

学校庭球大会優勝。1932(昭和7)年4月、縁あって、昭和肥料に入社した。戦時中、応召されて、南方の前線で生死をさまよい、1945(昭和20)年12月に復員した。

戦前のアンモニア製造は官民だけでなく軍も深く関わり、戦後、横山武一は公職追放となった。しかし、1947(昭和22)年10月9日、横山の薫陶を受けた昭和肥料時代の部下が集まり資金を出し合い、川崎市堤根37(当時。現在の川崎区堤根37)に昭和薬品工業株式会社を設立。初代社長は横山が就き、光明丹やリサージなど鉛を原料とした顔料の製造を行った。現在も社名に「薬品」がつくのは、その名残である。

その後、横山は会長に退き、1949(昭和24)年6月3日、魚津が社長に就任した。横山は1951(昭和26)年に公職追放を解除され、昭和薬品工業の会長のまま、昭和電工に技術顧問として復帰した。

戦前から培った技術の強み

事業の中心は鉛の精錬、加工に移った。アンモニアの製造に鉛を使った昭和電工には被災後も工場内に大量の鉛が放置されたまま。その鉛を堤根の工場で溶かし精錬した。

「会社の業績は、創立当初は武士の商法で失敗続きであったが、朝鮮動乱による日本経済の立ち直りと成長の過程の中で順調に発展した」と、魚津は自身の「半生の歩み」で回顧している。

当時、強い酸やアルカリに耐えられる材料は鉛しかない。化学工場では鉛工事が必須だった。戦前、戦中と昭和肥料・昭和電工でアンモニアの製造に携わった技術は、工場プラントの工事やメンテナンスに生かされた。東芝などで製造されたX線機器にも利用された。また、当時鉛管を使っていた市の水道工事の入札にも参加し、鉛を材料にしたバルブの製造も行った。

鉛から樹脂の時代へ

１９５４（昭和29）年。その頃から硬質塩ビなど樹脂材料が市場に出回り、昭和薬品工業も耐酸性耐アルカリ性が要求される化学工場の配管工事に樹脂材料の使用を開始。軽くて加工しやすい樹脂材料を使う現場が増えた。しかし、道具も材料も今のようには揃わない。必要な材料や部品は全て自作。作業しながら、考える。道具も作る。

昭和31年、川崎市発明考案展示会で日経新聞社長賞を受賞した「耐熱絶縁ボルト、ナット」

この中から生まれた「耐熱絶縁ボルト、ナット」は川崎市発明考案展示会で日経新聞社長賞を受賞。また、樹脂溶接に必要となり、自社で開発した「電圧調整器内蔵型合成樹脂溶接機スーパートランジェット」を１９６０（昭和35）年から販売した。基本的な構造は現在の溶接機と何ら変わりがない。

鉛も樹脂も扱っていたこの頃は、社員数も70人を数えた。日本中が必死だった。やがて鉛による健康被害が問題になり、樹脂は瞬く間に鉛を脇に追いやった。昭和薬品工業も1966（昭和41）年、鉛の取り扱いを終了するが、その5年後、鉄工事部門を新設し、一貫した総合施工体制を確立した。

さらに材料の進化は進む。1974（昭和49）年にはFRPの扱いを開始。素材は変われども、耐酸耐アルカリに対する工事やメンテナンスに強いことは、変わらない。材料はアクリル樹脂やテフロンとさらに進む。アクリル板は当初重合すると透明度が出なかった。その度に試行錯誤で技術を広げる。

昭和40年代前半の工場風景

2代目社長の魚津利。社業だけでなく労働福祉の増進に貢献し、昭和48年には藍綬褒章を授章。人望も厚かった

昭和50年代に入る頃、昭和電工川崎工場でプラントの大きな入れ替えがあり、昭和薬品工業も仕事が増え、工場も増産体制を敷いた。現場施工も多く、工事期間も長い。

その矢先、1976（昭和51）年4月。四半世紀にわたって社長を務めた魚津利社長が急逝。東京の昭和電工の関係会社に5年間勤め、10年前からこの会社で働く、息子利興が

3代目を継いだ。

大きな仕事が動く中での経営の承継。今でも利興の印象に深い。昭和電工が設備を一新し、苛性ソーダを作る製法が変わった。プラントも今までとは違う。近県の技術者に応援を要請し、部材メーカーの下請け技術者まで総動員して取りかかった。「やりがいがある仕事だった」

工場がある限り絶対に必要

昔は全体の8割、今は6割。メンテナンスを中心にした昭和電工の仕事は相変わらず多い。昭和電工の工場敷地内には昭和薬品工業の出張所もある。「プラントのトラブルにすぐに対応できるように、人員や材料を準備しています」

最近はメンテナンスフリー化が進み、材料の品質も向上しているため、メンテナンスが増えることはない。技術者も業者も減っている。どこかで大規模な工事があれば、他社から応援要請の声も掛かる。「この仕事は絶対に必要です。業者がなくなれば、どこも困ります。必要とする工場がある限り、その技術は残さなければなりません」

2002(平成14)年8月、「ホームレスの自立の支援等に関する特別措置法」の成立に伴って川崎でもホームレスの緊急一時宿泊施設が必要となり、川崎駅に近い昭和薬品工業の本社に白羽の矢が向けられ、5年の期限付きで敷地も建物も市に貸した。「なんだかんだと言っても、街づくりがいつもホームレス問題で止まって、一向に前に進まない」。当時の利興社長の英断に川崎の街が変わるきっかけが生まれた。

その施設から敷地や建物が戻ると、川崎市産業振興財団の紹介で園舎や施設を整備し、インターナショナル幼稚園に貸している。「場所探しに苦労していたので、協力しました」。園は人気があり、希望者が入園待ちの状態だ。

人目に触れないプロの仕事

「就職活動中、親の職業を聞かれて、『化学プラント配管の設計施工です』と面接では答えていましたが、さっぱりわかりませんでした。見て初めてわかる、特殊な仕事です」。一昨年、父からバトンを受け継いだ4代目の充利社長。自動倉庫の海外営業を経験して31歳でこの会社に入社した。

化学プラントの薬液配管を中心に樹脂配管に豊富な経験を持つ樹脂配管工事。樹脂製除害塔や薬液槽の製作。鉄材やステンレス材に錆を防ぐ皮膜を作る樹脂ライニング加工などのプラント機器の製作。クリーンルーム内で使用される装置の樹脂製部品やフッ素樹脂

代表的なプラント工事の例。塩化ビニールとFRPによるタンクの据え付けと配管

を使った分析容器など半導体液晶装置関連機器の製作。現在の業務内容はどれも、日常生活の中で目にするものではない。

また、豊富な木型を利用したプラスチックの板曲げ加工や機械加工。発電設備などの大型試験モデルから展示会用モデルまで模型の提案製作も仕事としている。

新たな技術を追い求めて

近年はアクリル製水槽の縁で出会った株式会社ＲＥＯ研究所のマイクロ・ナノバブル研究による環境衛生用オゾンナノバブル水の販売やオゾンマイクロバブル排水処理装置、海水殺菌浄化システムの製造に取り組んでいる。

同研究所と独立行政法人産業技術総合研究所は物理的に不安定なナノバブルの製造と安定化に成功。細菌やノロウィルスなどのウィルス類に対して優れた殺菌効果を持つオゾンは、医療機関や食品製造などの現場で期待され、歯周病にも効くとテレビ番組で紹介された。

また、オゾンの酸化力による有機物の分解とオゾンマイクロバブルの処理による有機物成分の回収は排水処理や海水殺菌浄化に効果を示すが、酸化作用の強いオゾンガスには金属が使えず、昭和薬品工業の技術が生きる。「システムが世の中に広がれば、成長する可能性はあります」

２００６（平成18）年に発売したオゾンナノバブル水用噴霧器は川崎市新技術・新製品開発支援事

業に採択。2年後には明治大学と開発した「微細気泡を利用した循環養液栽培システムの開発」が川崎産学共同研究開発プロジェクトに採用される。さらに、2012（平成24）年、産業技術総合研究所、REO研究所と共同で「芽胞菌の殺菌乃至不活性化方法」の特許を取得した。

「当社はとてもニッチな市場を相手にしています。会社を大きくすることと長く続けることは違います。町工場には大企業と違う町工場らしいやり方が必要です」

革新的な技術への思いはアンモニアの合成からオゾンナノバブルへ脈々とつながっている。

左から魚津充利社長、魚津利興会長

05 昭和薬品工業株式会社

企業プロフィール

商　　号：昭和薬品工業株式会社
本　　社：川崎市川崎区堤根37
代 表 者：代表取締役会長　魚津利興
　　　　　取締役社長　魚津充利
資 本 金：1,000万円
設　　立：1947年（昭和22年）10月9日
事業内容：各種合成樹脂（PVC・FRP・PP・アクリル・テフロン・他）の加工・機器製作、各種プラント配管・据付工事、塩ビ製ダクト製作・据付工事、樹脂ライニング加工、プラント製缶、ナノバブル水の販売
T E L：044-233-4521
F A X：044-233-4522
http://www.showayakuhin.co.jp/

06

菓子匠　末広庵

〝おいしさ〟と〝適正価格〟にこだわる和菓子づくり

パン屋から和菓子屋へ

太平洋戦争末期の大空襲で一面の焼け野原となった川崎で、いち早く賑わいを取り戻したのが現在の平和通り周辺だった。国道15号線（第1京浜国道）から一本川崎駅寄りを走る平和通りには戦前に公設市場があり、「公設通り」と呼ばれていたが、復興に際し、平和への願いを込めて「平和通り」と名付けられた。１９５２（昭和27）年、その平和通りに出店したのが和菓子の「菓子　末広庵」である。

末広庵のルーツは戦後間もなく、昭和町（現川崎区昭和）で三藤喜一、義雄兄弟が立ち上げた「昭和町のパン屋」である。三藤兄弟の父・熊之助は戦前に台湾に渡り、運送会社を興して成功したが、敗戦で全てを失った。無一文で帰国すると、不在地主の農地所有を認めないという農地改革が実施され、故郷の土地も人手に渡った。そこで一家の家計を支えるためにまず喜一が上

昭和30年代の従業員

京、何とか生活の目途が立ったところで弟の義雄を呼び寄せ、パン屋を始めることになった。義雄の息子の哲也は父からこう聞いている。

「当時は甘いものなら何でも売れて、特にあんパンが人気だった。それなら和菓子も売れるのではないか。そう考えて兄から独立して和菓子屋を始めた。その際、父の熊之助が縁起がよい名前として〝末広菓子舗〟と名付けた」

川崎の代名詞ともいえる川崎大師にちなんだ「大師祈願最中」は今も、末広庵創業以来のロングセラーとなっている。

開店の翌年、平和通りには「平和通り商盛会」が結成され、店は大いに繁盛した。一方、喜一のパン屋は1969（昭和44）年、横浜・元町にポンパドウルをオープンさせ、今日に至っている。

2代目は帯広の六花亭で修行

1963（昭和38）年、平和通り商店街振興組合が設立され、アーケードが完成した。昭和30年代から40年代には商店街の空き地でのど自慢大会が開かれ、中央の三角広場はイベントで盛り上がり、パレードが練り歩き、桜まつり、七夕まつり、歳末セールや初売りが商店街の四季を彩った。

末広菓子舗は順調に売上げを伸ばし、昭和40年代半ばにはシュークリームやショートケーキなど、洋菓子の製造販売も手がけ始めた。その後、義雄はレジスターの販売代理店やレストラン経営などにも乗り出したが、けっきょくは菓子作りに回帰している。

2代目の哲也は昭和30年生まれで、店の成長とともにすくすくと育ち、実験室と白衣に憧れて東京理科大学に進んだ。

「大学に入ったら遊びが楽しくてギリギリの成績で卒業した。就職も難しく、仕方がないから店を継ごうかと考えた。〝後継ぎ〟という意識が頭の片隅にあったのかもしれませんが、お菓子は大好きでした」

当時、店で働いていた和菓子屋の後継ぎが修業先として紹介してくれたのが、北海道屈指の菓子メーカー・六花亭製菓株式会社（帯広市）だった。前身は「札幌千秋庵」（現千秋庵）からのれん分けした「帯広千秋庵」で、経営者は小田豊四郎。小田は1968（昭和43）年、日本で初めてホワイトチョコレートの製造・販売を手がけ、1977（昭和52）年に札幌に進出、その際、「北海道を代表する菓子屋になる」という思いを込め、社名を「六花亭」に改めた。その名は雪の結晶を意味する「六花（りっか）」に由来する。

哲也が六花亭に入ったのはちょう

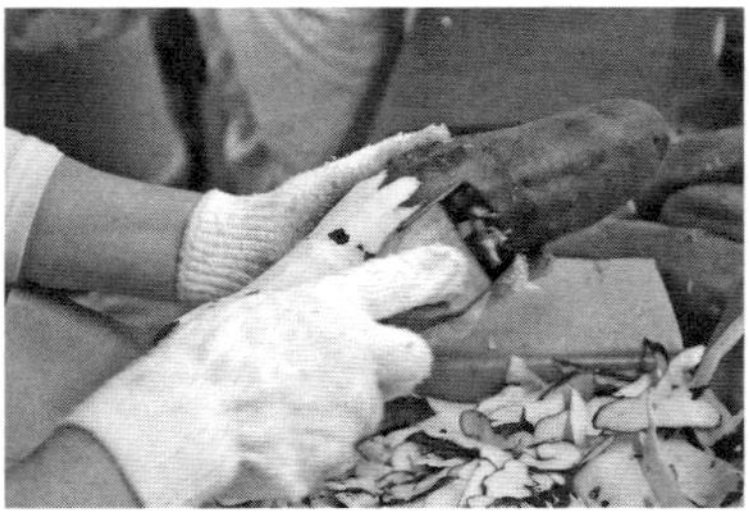
芋むきは昔も今も丁寧な手作業

根強い人気を誇るかりんとうまんじゅう

どその頃で、改名記念に発売した「マルセイバターサンド」がヒット商品になっていた。ブランドイメージの拡大と生産設備の増強を進めている時期で、人手はいくらあっても足りなかった。

「修行の身なので休日はなし。職人さんは厳しく、眠る間もなく働きっぱなし。川崎育ちにとってはびっくりするほど寒く、真冬の夜明けの寒さは本当に辛かった。でも、今になって振り返ると楽しいこともいろいろあったし、思い出もたくさんできました」

菓子づくりに真摯に取り組み、後に「お菓子の街をつくった男」と讃えられる小田の姿が哲也の心を変えた。本気で菓子づくりと向き合う気持ちになったのである。

3年2ヵ月の修行を終えた哲也は1982（昭和57）年に川崎に戻り、末広菓子舗に入社、翌年、小田の口添えで、六花亭帯広店の看板娘だったひとみさんと結婚した。小田は二人にこんなはなむけの言葉を贈っている。

「和菓子屋は一人ではできないよ。おいしいお菓子を作りなさい」

おいしさにこだわるから材料にこだわる

商店街は戦後の復興期から高度成長期にかけて「街の顔」として、あるいは地域コミュニティの形成の場として地域に貢献してきたが、1970年代後半から徐々に勢いを失っていった。背景には車社会の到来による生活行動圏の拡大、大型店の台頭、郊外地への人口流出などがあるが、商店街を構成する店舗にとって、その衰退は死活問題だった。

末広菓子舗も例外ではなく、哲也が2代目として戻った1980年代初頭、義雄は大型店へのテナント出店に加え、郊外店に活路を見出そうとした。そして1984（昭和59）年の宮前店（宮前区）を皮切りに、85（昭和60）年に江田店（横浜市青葉区）、87（昭和62）年に青葉台店（横浜市青葉区）、90（平成2）年にすみれが丘店（横浜市都筑区）を相次いで出店した。

東急田園都市線沿線の住宅開発が進んで人口が増え、82（昭和57）年には高津区から宮前区が分区した。そしてこの時に商号を「菓子匠　末広庵」に改めている。

「独立型店舗の面積の大きさを生かし、品ぞろえを充実されれば、遠方からも車で買いに来てくれた。私が戻って商品の種類を増やす余力もあり、どの店舗の売上げも好調でした」

経営者タイプの義雄と異なり、菓子づくりの基本を一から学んだ哲也は職人気質の持ち主で、もっとおいしいお菓子をつくろうという一心で菓子づくりに励んだ。

餅菓子は商品によって、たとえば「のし餅」か「大福餅」かによって、つき上がった餅に後から水分を加えて固さを調節するが、冷めると固くなる。

「餅をつくときに砂糖を加えると一定の柔らかさは保てますが、味が変わってしまう。当店では特別な方法を考案してもち米そのものに水分を含ませているため、冷めても固くならずにおいしく召し上がっていただけます」

おいしさを追求する気持ちは材料への強いこだわりとなり、水はすべて軟水を使用。北海道十勝の小豆、京都宇治の抹茶、阿波の和三盆など、和菓子の定番材料も全国から厳選して取り寄せている。

社長の話を聞く。

「いいものがあると聞けばどこへでも足を運び、自分で味を確かめて社長の話を聞く。勉強になることがたくさんあります」

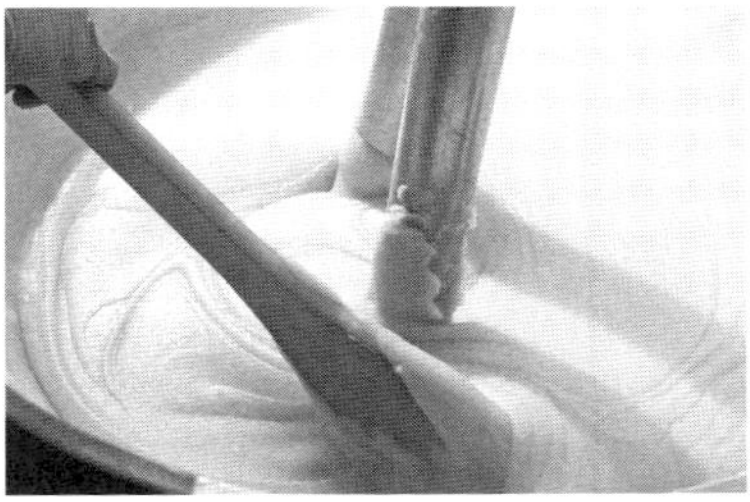

材料にはとことんこだわる

隠し味として欠かせない白扇酒造（岐阜県加茂郡）の本みりんは、昔ながらの製法を守り抜く蔵元の逸品で、3年熟成されたほどよいとろみとまろやかな甘さが特徴。北国街道沿いに店を構える高橋孫左衛門商店（新潟県上越市）は江戸時代から知られた日本一古い飴屋ともいわれ、看板商品の粟飴は砂糖を使っていない。もち米と麦芽のみから作られる自然の甘みが特徴で、透明感のある琥珀色はまさに「飴色」と呼ぶにふさわしい光沢を放つ。

「高橋孫左衛門商店は、たまたま上越市に行った時、店構え（国の登録有形文化財）に目が留まり、飴屋だと知って入ってみた。思わず惚れ込むおいしさでした。聞けば明治天皇が北陸巡幸の際にお土産に購入され、昭和天皇は御崩御直前までこの〝越後の水飴〟を所望したそうです。そんな名品をお菓子づくりに使うと話したら目を丸くされてしまいました。ただ、どれほど材料にこだわろうとも、お客様が買いやすい価格設定は守ります」

3代目の愼也さんは父の材料への強いこだわりを知って驚き、ホームページを使って丁寧な紹介を始めている。

時代の変化への対応はチャレンジの連続

和菓子と洋菓子の長所を相互に取り入れられるのが末広庵の強みで、ホワイトチョコレートを隠し味に使い、川崎生まれの詩人「佐藤惣之助」にちなんで開発した「惣之助の詩」は年間50万個を売る人気商品に育った。洋菓子の定番商品はチーズケーキ、チョコレートケーキ、プリンの３つに集約し、人気の「半熟ちーず（チーズケーキ）」には白扇酒造の本みりんが隠し味に使われている。

若い感性で菓子作りを受け継ぐ慎也は、川崎のハロウィン人気に着目し、ハロウィン限定の「きもかわスイーツ」を考案した。「インスタ映え」や「話題性」も十分で通信販売のサイトには全国から注文が集まってくる。そこには８００円のお菓子を、それより高い送料を払ってでも買いたいという新しいタイプの客の存在がある。

２００２（平成14）年の創業50周年を機に哲也が社長に就任して16年、郊外に路面店を開いてからに約30年が経った今、田園都市線で新しいライフスタイルを謳歌した世代は高齢化し、コンビニやスーパーの増加が既存店の商圏を狭めていった。哲也は採算を考えて青葉台店を閉鎖する一方、２０１７（平成29）年4月、ＧＩＮＺＡ　ＳＩＸにテナント出店した。銀座松坂屋跡地に誕生した銀座最大規模の複合商業施設である。

いいじゃんかわさきで人目を集める餅伸ばし

「作り手の顔が見える菓子店ということで声をかけて頂き、当店として

GINZA　SIX内の銀座店

は大きな挑戦ですが引き受けました。銀座は想像以上に観光客が多く、川崎の地元で行う商売とは違う点がいろいろあり、難しさも感じています」

商店街の売り出しや旬の味覚を楽しみにしていた人たちから、スマートフォンの情報だけを頼りに買物をする人たちへ。人が求めるものも、消費行動も時代とともに大きく変わったが、この先にはそれ以上の変化が待っているのかもしれない。

「食の商売において〝おいしいものを適正な価格で〟という根本は変わりませんが、生き残っていくためには、時代に合わせた変化は必要です。どう変わればいいのか、それはいろいろなものにチャレンジし続けていく中で、少しずつ見えてくるものだと思います」

三藤哲也社長

06 末広庵

企業プロフィール

商　　号：株式会社スエヒロ　菓子匠末広庵
本　　社：川崎市川崎区東田町3-16
代 表 者：三藤哲也
資 本 金：2,400万円
創　　業：1952年（昭和27年）
設　　立：1954年（昭和29年）
事業内容：和菓子製造・販売
T E L：044-233-4658
F A X：044-233-0614
http://www.suehiroan.co.jp/

07

株式会社セレモニア

相互扶助の精神で、人、心、文化をつなぐ

地域に寄り添うふれあいの場

1967（昭和42）年、現在の株式会社セレモニアの前身となる川崎市冠婚葬祭互助会は生まれた。しかし、そのルーツはさらに30年以上も遡る。

大正が昭和に変わる頃、少年時代から川崎の塩田葬儀店で葬儀の施行や建具を作っていた佐野丹治郎は、1932（昭和7）年、その経験を生かして独立。佐野商店を創業し、葬祭業と建具業を始めた。やがて、戦争を迎える。1942（昭和17）年、丹治郎は故郷、静岡県富士宮に富士宮航空機株式会社を設立し、航空機の製造に携わる。丹治郎が留守の間、川崎では数名の社員とともに妻つるよが佐野商店を支えた。しかし、川崎の大空襲で佐野商店も焼失した。

創業時の佐野商店。丹治郎（前列右）と家族、社員で記念撮影

終戦を迎え、川崎に戻った丹治郎は１９４７（昭和22）年、現在の川崎区鋼管通に佐野商店を再建。２年後には有限会社佐野商店とし、葬祭事業に専念した。

さらに、丹治郎は川崎市葬祭具協同組合、川崎葬祭業組合の創立に奔走し、全日本葬祭業協同組合連合会（全葬連）にも加盟した。高度成長期、川崎には全国から人々が集まり都市化が進んだ。当時まだ、葬儀は自宅や寺院で執り行われる中、佐野商店も地域の人々の暮らしに寄り添って事業を続けた。

昭和22年、川崎市大島１丁目（追分）に佐野商店を再建。佐野葬儀店の看板を上げた

互助会事業の展開で急成長

１９４８（昭和23）年、葬祭業界に大きな動きがあった。冠婚葬祭互助会の誕生である。横須賀で国内初の互助会が生まれ、次第に全国へ広がった。相互扶助の精神と前払い割賦制で冠婚葬祭に必要な費用を積み立てる制度は当時、人々の人気を集め、昭和30年代には全国に勢力を広げた。

丹治郎が幹部を務めていた全葬連でも互助会の勢力拡大を警戒したが、なす術がなかった。

「これ以上対策を練っても太刀打ちはできない」。相互扶助の理念が丹治郎の心を動かし、互助会の設立を決断し、名古屋、横須賀、静岡と先達を訪ね、理念や運営方法を学んだ。

しかし、相互扶助の理念はなかなか社会に理解されず、行政や金融機関の賛同を得ることができない。そこで丹治郎は党派を超えて国会議員、県会議員に互助会の地域貢献や社会性を訴え、理解の促進に力を借りた。

一方で、当時、川崎市婦人会連合協議会の役員などの要職に就き、人一倍面倒見がよかったつるよは、婦人会会員の協力を得るなど、互助会設立に向けて奔走した。人望の厚かったつるよに引き寄せられるかのように、互助会の理解が深まった。そして、1967（昭和42）年に川崎市冠婚葬祭互助会が発足、婚礼事業もスタートした。

高度成長期の京浜工業地帯には地方出身者も多く、核家族化の中で家族や地域の結びつきも希薄になりがちで周囲に頼れない。互助会の相互扶助はこうした社会のニーズに適ったものであった。

社員6人でスタートした川崎市冠婚葬祭互助会。社員は町内会や婦人会を通じて会員募集に飛び回った。婚礼事業は川崎駅前ビルや労働会館と式場の契約を結び、進行は会場に委託。翌年には婚礼衣裳の管理、レンタルを行う有限会社美裳苑を設立。婚礼事業が加わり、魅力を増した互助会は順調に業績を伸ばし、1970（昭和45）年には本部ビルを完成させた。

1972（昭和47）年、約10年前に施行された割賦販売法が改正され、消費者保護のために、前受金保全措置の強化、情報開示ルールの強化、クーリング・オフ制度の創設。互助会や友の会にも適用されるようになった。川崎市冠婚葬祭互助会はこの改正に対応するために株式会社川崎横浜冠婚葬祭互助会に改組し、改正割賦販売法の認可を受けた。法人化にあたっては、丹治郎の親戚で、当時、会計士、顧問を務めていた加藤幸作の力が大きい。

組織の近代化とともに事業は拡大し、会場を委託していた婚礼も社内で完結できるように、1977（昭和52）年、川崎平安閣をオープン。責任者にはつるよが就任した。オープニングセレモニーには3500人が来場。豪華さと充実した設備は好評で、以来多くの婚礼が行われた。

会員募集エリアが都内へも広がると、1978（昭和53）年、CIを導入し、「冠婚葬祭に葬祭を通じて社会に貢献する」という思いから「セレモニア」を商標登録し、会員向け機関紙「セレモニア」を発行、周知を図り、昭和55年に「株式会社セレモニア」と社名を変更した。また、同時にコンピューターを導入して、会員管理のシステム化を進めた。

3500人を集めた川崎平安閣のオープニングセレモニー

時代の変化とともに変わる冠婚葬祭

バブル期を迎え、冠婚葬祭は人生の壮大なイベントとなった。婚礼ではウェディングドレスが主流になり、お色直しが何度も行われた。婚礼衣裳の需要も伸び、衣裳の保管やレンタルを事業とした平安閣溝の口衣裳店をオープン。互助会も回数、金額を増やしたコースを組み入れた。また、七五三や成人式、金婚式銀婚式など新しいニーズも生まれた。

佐野最一郎２代目社長。現会長

創業者、佐野丹治郎、つるよ夫妻。平成４年、セレモニア溝の口会堂のオープンで

葬祭事業も自宅や寺院で行われた葬儀が町内会館や専門式場に場所を移した。セレモニアも川崎葬祭センターを１９８０（昭和55）年にオープン、生花や花環、貸衣装を取り扱い、葬祭センター溝の口営業所、さらに、仏壇仏具センター、平安閣別館調理部と立て続けにオープン。葬儀の施行から仏壇仏具の提供まで、社内体制を整え、１９９２（平成４）年の葬儀の専門式場セレモニア溝の口会堂（現平安会館みぞのくち）を皮切りに川崎市内全7区に式場オープンした。

互助会事業は１９８４（昭和59）年に株式会社セレモニア互助会センターを設立。時代の変化とともに勧誘活動のあり方を見直し、組織の効率化を図った。

しかし、バブルが去ると、式の価値観が一気に変容する。婚礼は身近な親族や友人だけを招くレストランウェディングや海外挙式が増え、平成に入るとホテルウェディングが主流となり、専門式場の人気が急落。やむを得ず、川崎平安閣を閉館した。

高齢社会に向けて拡大する介護事業。介護用品ショップあっぷる川崎店

その一方で高齢社会に求められる相互扶助の取り組みとして、1989（平成元）年、ホームヘルスケア事業部を設立した。今から50年前、互助会事業を始めた当時、20代30代だった会員が何歳になるだろうか。そして、会員のために何ができるか。その答えが福祉だった。在宅介護サービス、介護用品ショップあっぷる川崎店のオープン、グループホームの運営、居宅介護支援サービス、介護付き有料老人ホームなど事業はどんどん広がる。

「相互扶助の精神。お客さまが何を必要としているか。困っている人を助けようという気持ちはずっと変わりません」他業種からビジネスチャンスを求めて参入してきた企業とは全く違う。2015（平成27）年に2代目佐野最一郎社長（現代表取締役会長）から経営を引き継いだ3代目鈴木康伸社長は熱く語る。

インターネットで伝えられない本当の価値

核家族化、近所付き合いが疎遠になっていく現代。葬儀も家族葬など「小さなお葬式」が増え、結婚式も「小さな結婚式」が増えて、冠婚葬祭本来の意味が失われようとしている。

「先祖、親、お墓に価値を感じる人も減り、先祖を祀る習慣がなくなり、葬祭文化も変わってきています。でも、ここまで育ててもらった親を火葬だけで見送る。それでいいのでしょうか。確かに長寿高齢化で、医療費や介護費も膨らみますが、身近な家族だけの葬儀が終わった後、故人に縁のある人から『なぜ、知らせないのか』と詰問される方が、余程つらいし、悔いが残ります。このままだと、先祖を祀り敬う日本の家族文化までなくなります」と鈴木社長は危惧する。

自分らしいご葬儀を、自分らしい結婚式を

多様化する顧客のニーズの中で、セレモニアはその一つ一つに応え、それぞれに最高の思い出を残すお手伝いを使命としている。「我々が行っているのは、サービス業です。人と人が信頼を得るところに価値があります。写真やＳＮＳでは建物や式の様子は伝えられますが、サービスや人と人とのふれあいまでは伝わりません」

婚礼事業の撤退が互助会の魅力を減少させていることは否めない。もう一度、魅力ある互助会とするためにも、早く婚礼事業を復活させることが現在のセレモニアの最大の目標である。

「婚礼も葬儀も、地域社会や多くの人々とのつながりが希薄となってきてしまいました。もう一度、つながりを取り戻したいと思います」

相互扶助、冠婚葬祭を通して日本の文化をどう伝えるか。人と人のつながりが希薄な時代だからこ

そ、婚礼や葬儀の一場面が重要な意味を持つ。その意味をセレモニアは50年間、佐野商店から数えると85年にわたって大切にしてきた。

鈴木康伸社長

07 株式会社セレモニア

企業プロフィール

商　　号：株式会社セレモニア
本　　社：川崎市川崎区大島１-31-10
代 表 者：代表取締役会長　佐野最一郎
　　　　　代表取締役社長　鈴木康伸
資 本 金：3,000万円
設　　立：1967年（昭和42年）６月18日
事業内容：冠婚葬祭業、福祉事業
Ｔ Ｅ Ｌ：044-328-0416
Ｆ Ａ Ｘ：044-366-1748
事 業 所：
［冠婚部門］ピュアハート川崎店、ピュアハート溝の口店
［葬祭部門］平安会館みやうち、平安会館みそのくち、平安会館みやまえだいら、平安葬祭センターみやまえ、平安会館たま、平安会館あさお、川崎葬祭センター、セレモニア川崎会堂、平安会館わたりた、アクイール塩浜、さいわい葬祭センター、平安会館さいわい
［介護部門］あっぷるグループホームつばき、あっぷるホームケアサービス砂子、あっぷるライフサービス、アップルデイサービスセンターさいわい、クレッセ川崎、ショートステイ、介護用品アップル溝の口店、あっぷるホームケアサービス溝の口、あっぷるケアプランセンター溝の口
http://www.ceremonia.co.jp/

「誠実と愛情」「先見と挑戦」が支えてきた技術者の魂

責任は俺が持つ

昭和のはじめ京浜地区の造船所で製缶の技術を習得した仙崎八十一。曲面のある金属を溶接し、高い強度を確保し、僅かの隙間も許されない造船の製缶技術は、難易度が高い。八十一はその技術をもって１９３４（昭和９）年に独立し、同じように技術を持つ仲間たちと組んで、その技術を頼りに営業した。１９３７（昭和12）年に川崎市小田（現在の川崎区小田）に移転し、さらに、１９３９（昭和14）年に法人化し、株式会社仙崎鐵工所とした。

創業者　仙﨑八十一

開業当時から、八十一らの優れた技術が買われ、東京芝浦電気（現、株式会社東芝）からも仕事の依頼があった。

東京芝浦電気鶴見工場（現、京浜事業所）から仕事が始まり、浜川崎工場、府中工場、さらに、小向工場や関連事業所と、東芝の事業拡大とともに受注は広がった。現在は産業機器、鉄道車両などの開発、製造工場である東芝インフラシステムズ株式会社府中事業所からの受注が多い。また、自社工場での生産だけでなく、技術者の現場への派遣もある。

東芝の仕事は昔から高い精度が要求された。「一度、技術を落とすと、それを戻すのは一苦労だから、仕事には常に厳しさを忘れてはならない」。八十一は高いプライドで技術を守り続けてきた。「今、仙崎鐵工所が精密製缶を得意にすることができているのも、その培った技術のおかげです」。3代目社長、沼りえは祖父の残した技術に敬意を払う。

とりわけ厳しかったのが、当時の国鉄の仕事だった。これで良いと納めても、細かな指摘があり、戻される。

「何度も何度もチャレンジして、諦めなかったからこそ、今がある」。2代目社長、仙崎昭信は繰り返し語っていた。どんなに高い壁にも、くじけない職人たちの魂があった。

昭和の頃の仙崎鐵工所。当時も現在と同じ場所

かわさきマイスターを輩出

川崎という地の利もここまでの成長には大きな力になった。

仙崎鐵工所の業務は製缶と組立。しかし、本社工場のある川崎を含めて、大田区、横浜と機械業者、メッキ業者、研磨業者、鍛造業者、塗装業者まで、町場の機械加工業者が集まっていた。材料調達から試験まで、一貫した生産体制が取れたことが、顧客満足、そして、信頼につながった。経済産業省からの表彰も、地域での一貫生産が評価されたことから。平成になっても、地域の仲間たちは頑張っていたが、最近は高齢化や後継者問題を理由に廃業するところも出てきた。

八十一の時代からの製缶技術はさらに歴史を重ね、その卓越した技術は、比較的大きな部分の溶接や加工が必要な仙崎鐵工所のものづくりに脈々と続いている。

夏と冬で伸縮する橋梁部分の隙間を調整するマウラージョイントの溶接では、細長い鋼板の長辺方向の片面だけに溶接するという難度の高い溶接の上、許される誤差は全長10メートル以上にも及ぶ部材で僅かプラスマイナス2ミリメートル。２０００（平成12）年、この高度な溶接技術に対して川崎市から「かわさきマイスター」の称号が贈られた。

高度な技術を誰が継承する

しかし、この技術の継承も難しくなっている。

溶接は本でも学べるし、資格も取れる。しかし、それですぐ仕事にはつながらない。ましてやこの会社の仕事には初心者におあつらえ向きな溶接はほとんどない。手先が器用でなくなった今、この技術を誰が継承できるだろうか。さらに、多品種少量生産の仙崎鐵工所の仕事は、同じことを繰り返してできる仕事は一つもない。一つ一つ図面を開いて、原寸を引く。溶接の熱による、伸び、縮み、歪み、たわみを読んで、溶接していく順序を考え、品物を造っていく。

現場は毎日がチャレンジだ。径が2メートルもある流量計を作っているが、毎回同じ寸法には仕上がらない。素材のメーカーによって、その日の温度によって、材料の巻き目によって、伸びも縮みも歪みもたわみも違う。図面の通りのものができなければ、それまでの工程が全部ムダになる。「緊張の連続だからこそ、気持ちよく作業ができる環境が必要だと思っています」

クレーン作業にしても、他の作業にしても、自分だけで完結する作業はない。特に重量物や高

オゾン発生装置。乾燥した空気または酸素に高電圧をかけることでオゾンを発生させる。ここではその乾燥機部分を製造

16ミリ厚の板を曲げて作られた直径1,600ミリの電磁流量計の筐体。二重になった筐体にはコイルなどの計測器が組み込まれる

い足場もあり、熟練の技が必要だ。相手を信頼し、自分に責任を持ち、仲間を信頼して作業しないと仕事として成り立たない。仕事上での意見の違いはあっても、仕事が終わった段階でわだかまりが残ってはならない。気持ちよく作業ができる環境づくりのために、あいさつや言葉遣いにも社長は気を配る。

異色の存在が見た職人の世界

3代目、沼りえ社長はこの世界でも異色だ。1960（昭和35）年から2代目社長を務めている父、仙﨑昭信から1993（平成5）年に社長を引き継いだ。「父は女性にできる仕事ではないと考えたらしく、小さい頃から跡継ぎとして育てられたことはありません」。国立音楽大学で声楽を専攻し、卒業後は音楽教諭として高校に4年間勤務した。教師として初めての卒業生を送り出した後、父の手伝いをしたいと、この世界に飛び込んだ。

2代目社長　仙﨑昭信

昭信社長もユニークな経歴の持ち主だった。1947（昭和22）年東京大学法学部に入学、同大学院特別奨学生、研究奨学生を経て学問の道を歩んでいたが、1960（昭和35）年、八十一の死でそれを諦め、跡を継いだ。

沼がいざ入社してみると、それまでと全く違う世界に戸惑った。「当初は、『え？』と思ったことが何度もありました」。

父でもある社長は「いろいろな場所に出なさい」とよくアドバイスした。「得意先の会合、市役所の工業会、商工会議所、法人会など、さまざまな集まりに参加させていただいて、先輩方から多くのことを学びました。2世の集まる若手会では、みんな同じ悩みを持っているのだと知り、私も頑張ろうと思える時間をいただいた。たくさんの方々からいただいたアドバイスは勉強になったし、今の自分があるのもそのおかげです。私の前をいく女性経営者の方々の頑張る姿はとても大きな刺激となり目標となった」

30歳で社長に就任。「父は私が女性だから、自分が元気でバックアップができる早い時期にバトンタッチした方がいいと考えたようです。代わった当時は、誰も認めてくれなかったと思います。5年前に父は亡くなりましたが、長い時間父の後ろ姿を見ることができたので、代替わりもスムーズにいきました」。父を思う娘の気持ちと同じように、娘を思う父の気持ちがあった。

音大の出身で経営を学んだことがない3代目社長は、「私が知らないばかりに、社員が損することがあってはならない」と考え、2007（平成19）年、法政大学大学院経営学研究科に入学した。

社員には「資格は大切」「取れる時に取ろう」と話している。「やる気に年齢性別は関係ありません」仕事を知れば知るほど、すごいと感じ、気持ちよく仕事できることが、経営者のやるべきことと気づいた。

和を以って尊しとなす

そして、会社の強みでもあるこの技術を将来に伝えるために、次の時代を託す新しい技術者の育成に取り組む。

ある時から採用面接に半日くらい時間をかけるようになった。「朝、8時始業に出勤できないでは困ります。それから3時間かけて、現場を見たり、話をしますが、そのくらい時間が経つと、応募者もかしこまっていられず、素の状態が出ます。それから手先の器用さ、さらに相性を見ます」。技術者の養成はグループ長に任せるが、彼らの真剣な指導に値する人材を、しっかり見て、採用して、大切に育てていかなければならない。

この会社が創業者からずっと守り続けてきたのは「誠実と愛情」「先見と挑戦」だ。挑戦と先見は技術の取得に必要なこと。誠実も仕事の姿勢としては理解できる。さて、愛情とは何だろうか。

技術者に迷いがあると、仕事の精度に現れる。「多品種少量生産で特殊な世界ですから、職人の技術がこの会社の一番の価値を作っています」

会社の状況を誰が見てもわかるように、決算を社員に公開し、結果がよければ、その分はみんなで分配する。「自分がしている仕事がわからないより、わかったほうがいいでしょう。その辺はクリアにしたいと思っています」

和を以って尊しとなす。互いに愛情をもって接しないと、人も技術も付いて来ない。今だからこそ、創業者の言葉を実践する。

沼りえ社長

08 株式会社仙崎鐵工所

企業プロフィール

商　　号：株式会社仙崎鐵工所
本　　社：川崎市川崎区小田5-17-5
代 表 者：代表取締役社長　沼　りえ
資 本 金：1,000万円
設　　立：1934年（昭和9年）5月
事業内容：産業用機械装置設計製作、板金・製缶加工及び機械加工等部品製作、装置組立・試験など
主な製品：計測機器筐体、オゾン発生装置筐体、新幹線用部品、機関車筐体、景観品、船舶部品、宇宙関連装置治具
ＴＥＬ：044-333-4434
ＦＡＸ：044-355-8193
http://www.sztk.co.jp/

川崎の近代エンタテイメント史はチッタから始まる

川崎の街が変わった昭和62年

「エンタテイメントと文化を通じて都市に新鮮な感動と活気を提供する」チッタグループ。その歴史は創業者、美須鑛が東京・日暮里で事業をスタートさせた1922（大正11）年にさかのぼる。川崎では1936（昭和11）年、映画街づくりに着手。以来80年余、川崎大空襲による焼失と復興を越え、現在に至るが、1987（昭和62）年、大きな転機が訪れた。日本初のシネマコンプレックス（複合映画館、以下シネコン）「チネチッタ」オープンだった。

当時副社長だった美須孝子会長が、視察に訪れた映画の国アメリカのカリフォルニア州ロサンゼルスのハリウッドで、一つの建

昭和13年の川崎映画劇場。娯楽の少ない戦時中でも、映画には観客が集まった

物に複数の映画館が集まったシネマコンプレックスの原形に出会った。「これはとても素敵だ」。それに刺激を受けて、川崎の映画街に5つのスクリーンを集めた映画館ビル、チネチッタビルを建設した。

シネコンの定義は「ワンフロアにいくつかのスクリーンがあり、フロアも売店も全部共有するもの」。縦に映画館を重ねたチネチッタは、売店もトイレもそれぞれのフロアにあり、定義から外れるが、一つの建物の中で見たい映画が選べたことから、広い意味で日本のシネコンの第一号といわれる。当時、このエリアには新作を公開する映画館はチネチッタしかなく、他に選択肢がないため、映画が見たければ、みんなチネチッタに集まった。

さらにビルの1階から3階には渋谷のプライムが入居し、これまでの川崎にないおしゃれな複合ビルが生まれた。大ヒットしたトレンディドラマ「男女7人秋物語」のロケ地になったことも話題だった。駅前には同時期に西武百貨店も開店し、川崎が一気におしゃれな街に様変わりする中で、シンボリックな存在がチネチッタだった。

昭和62年、日本で初めてのシネコンといわれるチネチッタを建設

さらに、会長の思いはハリウッドで見た大箱のライブホールにもあった。映画とは切り離せない音

楽。それを日本で展開させようと、翌年、クラブチッタをオープンした。

当時、ライブハウスはスタンディングで200～300人、コンサートホールは着席で2000～3000人収容がほとんどであり、その中間をいく1000人以上の収容かつスタンディング形式のライブホールはなかった。1988（昭和63）年、クラブチッタと渋谷のクラブクアトロの2つがほぼ同時に誕生し、日本のライブの歴史は変わった。

折からJ―ROCKブームを作った「三宅裕司のいかすバンド天国」の放送直前で、その相乗効果もあり、柿落しの久保田利伸にはじまり、渡辺美里、米米クラブ、プリンセスプリンセス、X JAPANなど、クラブチッタには日本ロック界のそうそうたる顔ぶれが集まった。

また、海外アーティスト招聘の免許を持つクラブチッタは早い時期から積極的に動き、その後、夏フェスのヘッドライナーを務めるほどにビッグになった、レッド・ホット・チリ・ペッパーズ、オアシス、レディオヘッドなどが公演した。ファンも北海道や九州から集まり、クラブチッタの名は一躍全国に広がった。チネチッタとクラブチッタは川崎の文化のリーダーだった。

どうすれば映画を楽しんでもらえるか

昭和30年代にピークを迎えた映画市場。テレビの時代になり、1990（平成2）年頃には、映画人口はおおよそ10分の1に減少した。その後地方では郊外型のシネコンが増え、スクリーンの数も微増した。作品もCGの使用など、ダイナミックな作りになり、ドラマ性よりもエンタテイメント性がもてはやされ、「映画はつまらない」と言っていた人々も徐々に足を運ぶようにはなっていた。

２００２（平成14）年、老朽化した建物のリニューアルと時代のニーズへの対応から、エンタテイメント&カルチャー、イタリア、ロマンスをコンセプトにしたラ チッタデッラが誕生。チネチッタのスクリーン数も12面に増えた。

普通、ショッピングセンターは集客装置としてシネコンを入れる。だが、96年前の映画館開設以来、常に映画を軸に事業展開をしてきたチッタグループは、他のショッピングセンターとはコンセプトが違う「映画が主役」の商業施設とした。

そして、翌２００３（平成15）年から4年間連続で興行収入と動員数の日本一を記録した。川崎エリアといっても、大森や蒲田、鶴見からも、映画ならみんなチネチッタに集まる。優良な市場を独占していた。

しかし、そんなマーケットを他が放っておくわけがない。周囲には2つのシネコンが生まれた。ただ観客動員数を分け合うのではなく、裾野を広げ、川崎の映画人口を増やした。

せめて若者を振り向かせたい

現在、川崎駅周辺にはラ チッタデッラを含め9つのショッピングセンターがある。その中でエンタテインメントに特化したラ チッタデッラは異色な存在で、他と競合しない立ち位置を目指す。立地もいい。

1997（平成9）年、カワサキ ハロウィン立ち上げ時、チッタグループとしてのイベントの目的は、集客よりも先鋭的な文化の発信だった。都内の若者に「足は運ばなくても、せめて振り向かせたい」。それが最大の目的だった。規模もラ チッタデッラだけでは限界があり、逆に周りを巻き込みやすかった。現在のように拡大できたのは、エンタテイメントがチッタを独占するジャンルだったからだろう。

川崎の秋には欠かせないものになったカワサキ ハロウィン

ゴールデンウィークを彩るはいさいFESTAも
川崎のイベントとして定着

今年で15回目を迎えた「はいさいFESTA」も同様。映画館、ライブホール、多目的広場があり、飲食店が多く、ストリートでも何かできる。ラ チッタデッラにはカルチャーを発信する機能が多数存在する。他ではできない沖縄の多様な文化の発信も可能にした。

「大きなイベントを一つ立ち上げると、必ずひどい目に遭います。あちこちに波風が立つし、怒らせるつもりのない人が怒るし。泣きたいくらいのことをやって、やっと終わったのに、最後にみんなが喜ぶ顔を見ると、またやろうと思う」と語る土岐一利プロモーション本部長。しかし、ハロウィンもはいさいＦＥＳＴＡも、組織や人々の期待が大きくなり、今やチッタグループの意志だけでは動けない。

川崎だからできること

映画に視点を戻そう。作品はいろんな劇場でシェアするから、最終的にはサービスと劇場のスペックが勝負だ。チネチッタはクラブチッタで磨いた音で勝負する。チネチッタ最大のスクリーンに導入した「ＬＩＶＥ ＺＯＵＮＤ」はクラブチッタのエンジニアが選んだドイツ製の最高のスピーカーを設置し、その音を繊細な耳を持つエンジニアが調整する。コンサートホールの細かい音、アコースティックな音も生かす最高の音響は、多くの映画通に喜ばれている。

観光に関していえば、羽田と東扇島に橋が架かれば、圧倒的な地の利を得る。また、羽田空港と多摩川をはさんで世界的な企業や研究機関が集まる「キングスカイフロント」という殿町国際戦略拠点もある。インバウンドの増加や少子高齢化で社会構造が変化すれば、川崎も観光不毛地帯ではなくなる。

「そこに向けて何かを刺激するような役割を果たせたら面白い」と土岐本部長。

工場夜景があれば、藤子・Ｆ・不二雄のミュージアムもある。うまくつながると、他にない素敵なストーリーが生まれる。欧米を模倣したハロウィンも川崎でとんでもない方向に進化した。『日本人は狂っている』と驚く欧米人を見ると、してやったりと思います」

日本の伝統体験を希望するインバウンド客は多い。チッタが所有する着物と浴衣50セットを、インバウンド客を対象にするホテルに貸し、宿泊客へのレンタルに利用するサービス「KAWASAKI KIMONO WALK」を始めた。着付けも川崎の着付け教室から協力が得られた。

金山神社と連携したイベントの話もある。猥雑な感じが川崎へのインバウンド客にインパクトを与えるだろう。

映画『ブレードランナー』で描かれた近未来のロサンゼルスの景色は川崎の工場夜景にインスパイアされたという都市伝説に因んで、工場夜景に囲まれた中で『ブレードランナー』の世界観を体現したイベントも開催した。これも、川崎でしかできないイベントだ。

ダイバーシティ（人の多様性）への取り組みも美須アレッサンドロ社長の主導で進んでいる。LGBTの人にはアート、クリエイティブな世界で活躍する人が多い。彼らが差別や偏見のない生活を送れるように、LGBTの人たちが街にあふれている絵を作るのはどうかと、川崎市と協議。

何かちょっと刺激的な街。東京にも横浜にもないものが、川崎にある。川崎の文化を発信するものは無限にある。4年後には100周年を迎えるチッタグループ。川崎の元気に、その存在感は大きい。

美須アレッサンドロ社長

09 株式会社 チッタ エンタテイメント

企業プロフィール

商　　号：株式会社 チッタ エンタテイメント
本　　社：川崎市川崎区小川町7-4 アービラ川崎3F
代 表 者：代表取締役社長　美須アレッサンドロ
資 本 金：1億円
設　　立：1949年（昭和24年）4月18日
事業内容：チッタグループ全体のヘッドクォーター機能として、グループ戦略・マーケティング戦略全般の立案・実施。施設ブランドを構築するほか、チッタグループ全般の不動産を所有し、プロパティマネージメントを行う
関連企業：㈱チネチッタ、㈱クラブチッタ、㈱チッタワークス、㈱レックス、㈲貴俊
Ｔ Ｅ Ｌ：044-233-1934
Ｆ Ａ Ｘ：044-222-8004
http://lacittadella.co.jp/

モノづくりで未来にこぎ出す

大手企業の協力会社からスタート

株式会社トーキンオールは１９５７（昭和32）年4月、日本鋼管（現ＪＦＥホールディングス株式会社）の協力企業として横浜市内で創業された。当時の社名は「東京金属工業株式会社」で、ＪＩＳ・ＡＰＩの認定工場として、石油やガスを掘削する油井管の接続に用いられる継手類及サブパイプの開発・製造・販売を手がけていた。

現在の代表取締役・吉田基一は4代目で、１９４９（昭和24）年6月24日生まれ。東京金属工業（当時）に入社した１９７４（昭和49）年は第1次オイルショックの直後で、日本が高度経済成長期から安定成長期に移行する過渡期でもあった。ちなみに日本の鉄鋼業界の粗鋼生産量のピークは、その前年の１９７３（昭和48）年である。

新製品の開発部署に配属された吉田は、日本鋼管や電力設備機材などを扱う株式会社カナエの担当者として現場のニーズを技術部に伝え、製品開発の最前線で経験を積んだ。例えば、１９７８（昭和

53）年6月に発生した宮城県沖地震（マグニチュード7・4）後、東北電力の依頼で開発した配電・送電専用の耐震型ポールは、現在も国内9電力に納入するロングセラー商品である。

吉田はさらに長尺の油井管の長さの微調整に用いられるサブパイプに目を付け、マーケットや競合他社を精査した。決して簡単に作れる製品ではないが、供給会社の数が少なく、納期にも長短の大きな幅があり、世界的な受給のバランスが悪いことに気づいた。

「価格調査をしたところ、高値安定で、これはいい商品になると思った」

そして日本の中小企業として初めて開発・製造にこぎつけ、国際的にも競争力のある商品として大きく成長させたのである。

ロングセラーとなっている送電専用耐震型ポール

自社製品開発企業へ脱皮

１９８６（昭和61）年、前年のプラザ合意に端を発した円高不況を境に、日本経済を牽引してきた鉄鋼業の雲行きが怪しくなった。油井管市場の縮小に直面した鉄鋼業界は過剰在庫を抱え、輸出の窓口だった商社の担当者までもあおりを食った。鉄鋼大手は鉄鋼生産のシェアを引き下げる中長期計画を発表し、素材、エンジニアリング、プラント、情報通信事業などの多角化を模索しつつ、その後の

トンネル工事において汎用性の高い補助工法を考案

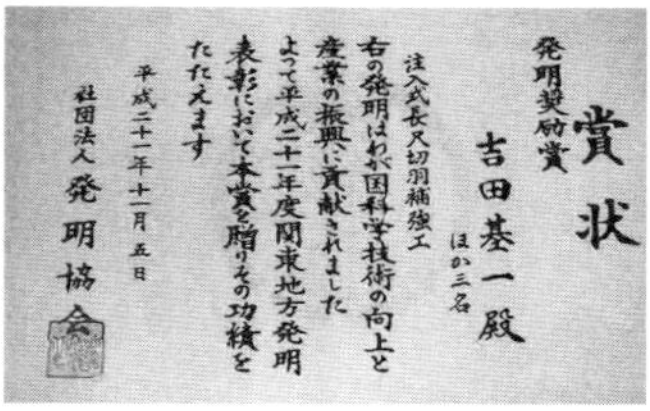

賞状
発明奨励賞
吉田基一殿
ほか三名
注入式長尺切羽補強工
右の発明はわが国科学技術の向上と産業の振興に貢献されました
よって平成二十一年度関東地方発明表彰において本賞を贈りその功績をたたえます
平成二十一年十一月五日
社団法人発明協会

発明奨励賞を受賞

大規模な再編へとつながっていく。

当然ながら、その影響は協力企業にも及んだ。会社の行く末に対して大きな決断を迫られた会長の高原仁一は、当時38歳の営業課長だった吉田に白羽の矢を立てた。創業者から3代目まで非同族で受け継いできた会社を一社員である吉田に託したのだ。しかも開発の現場を知る吉田の実績と経験が活かせるよう、自社製品の開発を主軸とする会社への方向転換を決断した。先輩の部長クラスが何人もいる中での大抜擢である。

「まだ30代後半だったのに、思いがけない大役を打診されたわけですが、モノづくりの面白さに大きなやり甲斐も感じていた。3代目の社長と技術部長に両脇を固めてもらう形で、4代目社長を引き受けることになりました」

1987（昭和62）年10月、吉田は社長就任を機に、社名を東金工業株式会社に改めるとともに、川崎市の浅野町工業団地に移転した。そして創業時からの顧客や仕入先は引き継ぎつつ、経営の軸足を自社製品の開発に置くという経営方針を打ち出した。

その成果が最初に実ったのは、トンネル工事における補助工法のAGF工法に関する安全な掘削システムの共同開発だった。長距離のトンネルで用いられるシールド工法に対し、AGF工法は短距離のトンネルを造る場合に用いられる山岳工法において、掘削部に鋼管パイプを打ち込み、薬液やセメント系注入剤を注入して固め、掘削面の崩落を防ぎトンネル工事の安全性を高めるというものである。

「トンネル工事で最も危険な崩落事故を防ぐために、掘削面を硬すぎず、柔らかすぎず、掘りやすい固さに保つためのセキュリティシステムで、工法の安全性の認可を受けるまでに7年かかりました。現在は汎用性の高い補助工法として、ほとんどのトンネル現場で採用されていますが、近年はいったん打設した鉄パイプを再利用し、混合産業廃棄物を極力減らす環境対応型工法の比率が増えています」

AGF工法は1992(平成4)年以後、施工実績が急増し、現在も会社の屋台骨を支える大きな柱となっている。中でも時代のニーズを捉えた、注入式長尺切羽補強工の環境対応型工法は社団法人発明協会により、2009(平成21)年度の発明奨励賞に選ばれた。

1999(平成11)年、それまで輸出製品に用いていたトーキン(TOKIN)を社名とした頃には、創業50年が視野に入ってきた。

「鉄鋼関係からスタートした会社ですが、鉄にこだわらずいろんなことをやろう。トーキン丸という船のオールをみんなで漕いで進んでいこう。これが社内公募で選ばれた〝トーキンオール〟の由来です」

外出支援ロボットにかける夢

2010(平成22)年6月、吉田は川崎市工業団体連合会の会長に就任、同年に川崎商工会議所会頭に就いた山田長満の呼びかけで、川崎市の中小企業発の製品開発に取り組むことになり、モビリティーカーの勉強会をスタートさせた。

ところが大手企業もそろって「超小型モビリティーカー」に関心を示し、商品化や販売を考えると対抗するのは難しい状況になった。しかも道路交通法のハードルが高く、開発は頓挫を余儀なくされた。

潮目が大きく変わったのは川崎商工会議所が主催した産学連携セミナーだった。黒田洋司・明治大学理工学部教授（ロボット工学研究室）の講演を聴いたことが、黒田教授のロボット技術を搭載した「自立運転機能を備えた有人型外出支援ロボット」を開発するというアイデアに結び付いた。黒田教授はＪＡＸＡ（国立研究開発法人宇宙航空研究開発機構）の惑星探査機はやぶさ／はやぶさ２プロジェクトにも参加した移動型ロボット研究の第一人者で、自身も自律移動型無人ロボットを開発するベンチャー企業を設立している。

研究開発を支える実験装置とNC旋盤

「ＪＩＳ規格のサイズを満たしたシルバーカーならナンバープレートは要らず、道路交通法の対象にはならない。一般的なシルバーカーの車両製造では大手企業に勝てないが、自立運転機能を備えた外出支援ロボットなら、ロボット技術を搭載するにはノウハウが必要で、大手企業が追いつくまでに時間がかかるし、市場の住み分けができる」

そして２０１５（平成27）年４月、「さがみロボット産業特区」が産学の技術をマッチングさせて商品化を進める「神奈川版オープンイノベーション」による共同開発プロジェクトが本格的にスタートしたのである。

新たなプロジェクトが挑むシルバーカーは、身体障害者向けの電動車椅子とは一線を画し、足腰が弱ってきている高齢者や自動車運転免許返納者の移動手段となる「外出支援ロボット」という位置づけである。２０２５年の日本の人口は９１００万人と推定され、その5人に1人が75歳以上という試算もある。

「１８００万人の１割が足腰の衰えを感じるとしたら、その市場は１８０万〜２００万台となり、さらに電動車椅子の転倒事故防止にも役立てる」と思い挑戦する価値はあるという判断だった。

そして3年後の２０１７（平成29）年7月20日、明治大学生田キャンパス・地域産学連携研究センターで、報道機関向け試作発表会で走行デモンストレーションが行われた。サイズはＪＩＳ準拠の全長１０２５ミリ、幅６３０ミリ、高さ９５０ミリ、重量約90キロ。最大走行距離は30キロメートル（5時間）で、斜度12度の坂道にも対応する。

最高速度は時速6キロメートルで、普通の人の小走り程度の速さ。下り坂や段差などが設置された仮設のコースでは、障害物を認識して停止または回避をするシステムや6輪機構の安定した車台など、一般的なシルバーカーには無い自律性や特殊性がお披露目された。

「これまでは3社の企業体でしたが、これから先は川崎市のより多くの企業が力を合わせて作り上げ、量産に向けてブラッシュアップを重ねていきます。横浜そごうでの神奈川科学技術フェアーでは

ハーモニー・ビークルはヨコハマテクニカルショウ2018でも大きな注目を集めた

多くの人が関心を持ってくれました。大型ショッピングモールで、駐車場からの移動という使い方も想定していますが、どう売っていくかは今後の大きな課題です」

「ハーモニー・ビークル」と名付けられたこの外出支援ロボットは、さらに実証実験を重ねるほか、TSマーク取得や公的機関による安全評価を受け、2019年度の製品化を目指している。

次世代の基盤を築く

4代目社長に就任後、トンネル工事の安全システムの開発に成功し経営を軌道に乗せた吉田が、将来の事業のひとつの柱とするべく目を向けたのは、バイオ技術を農業に活かすことだった。1991(平成3)年から山中塾に学び、微生物資材による土壌改良技術の開発という新たな目標を見つけた。それは「鉄鋼で培ったノウハウからトンネル工事の安全システムが生まれたように、新しいものを考え、違った世界を見ると、モノの見方に柔軟性が生まれる」という信念に基づくものでもあった。

「これまでに千葉県の根菜・葉物・梨農家、山梨県の果実農家などと提携し、育成や味の改良などを通じ、農産物に付加価値を与える差別化に取り組んできました。新しい技術や製品の開発においては、短期・中期・長期の方針を立てて臨んでいますが、電気関係やトンネル関係を中期とすれば、農業関係は長期にわたるプロジェクトで、私の代は基盤づくり。陽の目を見るのは次の代かもしれませんが、神奈川県や川崎市の都市農業に資する技術であるという自信は持っています」

「企業30年説」という理論がある。吉田が創業者・先代からバトンを受け取ったのが創業から30年。そして２０１８（平成30）年は吉田の社長就任から31年目で、新たな30年の始まりの年にあたり、５代目を継ぐ息子の英憲も吉田が社長に就いたのと同じ30代後半に差しかかった。

「現在の売上げはほとんどが自社開発商品で、その点は中小企業としてはうまくクリアできている。開発型企業に転身したことが今日に、そして将来につながっている。このモノづくりへの意欲こそ、トーキンオールを未来にこぎ出す〝オール〟の原動力です」

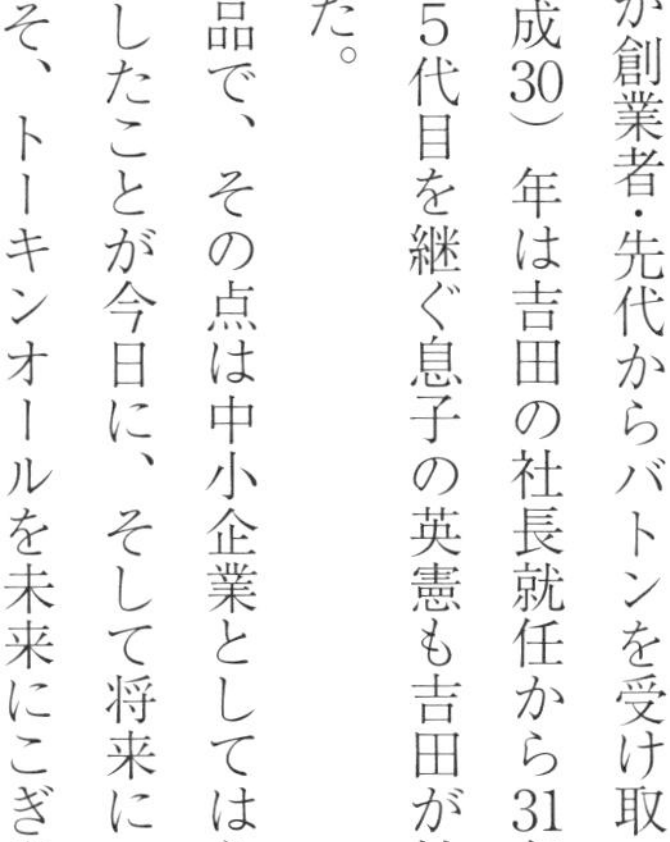

４代目の基一と５代目を託す英憲

吉田基一社長

⑩ 株式会社トーキンオール

企業プロフィール

商　　号：株式会社トーキンオール
本　　社：川崎市川崎区浅野町4-11
代 表 者：吉田基一
資　　本：3,000万円
創　　業：1957年（昭和32年）
設　　立：1987年（昭和62年）
事業内容：電力・建設土木資材の開発・製造・販売その他
ＴＥＬ：044-333-0012
ＦＡＸ：044-333-0321
http://www.tkna.co.jp

11

日本スタンダード株式会社

食用油濾過機のパイオニアからさまざまなビジネスへ

揚げパンの廃油がもったいない

日本スタンダード株式会社の前身日本スタンダード・アソシエート株式会社は、１９６３（昭和38）年、食用油の再利用を可能にする濾過機の製造販売を始めた。当時は公害問題こそあったものの、食用油の廃油処理など、深刻に考えていなかった。濾過機利用の理由の多くも食用油の効率的な使用によるコスト削減で、環境ダメージの削減、廃棄処分による手間やコストの削減も付加価値に過ぎなかった。しかし、時代の変化とともに、付加価値にも大きな光があたり、約50年後、全国で15万台という販売数につながったことは、当時誰が予想しただろうか。

日本スタンダード株式会社の現社長で設立から関わった三谷輝夫は宮崎出身の父と茨城出身の母のもと、１９４２（昭和17）年、台湾で生まれた。

父は戦地に召集され、幼い三谷は家族とともに父の故郷である宮崎県田野に身を寄せた。台湾からの引揚者は全員、財産を没収される。三谷の家族も一人千円だけ持たされて、宮崎に向った。

戦時下、急に引揚げてきたものには温かく対応する余裕もない。すきま風に苛まれる小屋で新聞をちぎって暖をとり、大根の葉や芋づるで飢えを凌いだ。「このどん底の生活があったから、どんなことでも大丈夫になった」。三谷のバイタリティの原点はここに始まる。

父は宮崎に引き揚げると、見よう見まねでパン屋を始めた。1週間ほどパン職人を呼んで教えてもらったが、全くの素人なので、イースト菌の発酵のタイミングもわからず、パンはふくらまない。それでも食べ物がない時代だったので売れた。

「揚げパンを作る時に出る廃油がもったいない」とその頃から三谷は感じていた。

アルバイト経験から多くを学ぶ

中学生まで宮崎で過ごした三谷だったが、人口2万人前後の街ではうだつが上がらない。パンの製造販売を手掛ける昭和堂の専務だった母の弟を頼って、川崎に出た。そして、昭和堂でパンを運ぶ木箱「もろ蓋」を洗ったり、パンのまるめやあんこ詰めをした。

原付免許は既に取っていたが、18歳で小型4輪の免許を取得。パン屋の運転手として、もろ蓋の回収をしながら、1年遅れで市立川崎高校の夜間に入学した。4年で卒業し、日大の短大に進学した。

この間にはいろいろなアルバイトをした。叔父の紹介で入った横浜トヨペットでは、受け渡し課で新車納車時の清掃をしていたが、手が足りないと愛知の工場から川崎までの360キロ、新車の陸送もした。一般人にも車が売れ始めた時代。コロナが33万円、クラウンが80万円だった。三谷の月給は８０００円。横浜トヨペットは当時３００人も社員がいた。華やかなセールスを希望したがノルマが大変。夜は通学もあり、仕事を替えた。

川崎米穀では60キロの俵を手かぎでひっかけて積む。二人一組になって米俵を井桁に積んでいく。当時のガリガリの体でも、訓練を重ねるとできるようになった。大型の運転免許を取ると給料は５万円になり、トラックの荷台で米俵を捌く。１日に１３０俵を３回倉庫から運んだ。

20歳、大学1年生の時代はキャバレー「チャイナタウン」のマネジャー。当時、川崎には８軒のキャバレーがあり、賑わっていた。ダンスが好きで商工会議所の隣にあったフロリダ・ダンスホールによく踊りにいった。上の階のフロリダには、尾藤イサオ、平尾昌晃、かまやつひろし、堺正章らが出演していた。ツイスト、ギターが全盛だった時代。三谷は１日18時間から20時間、３人分働き、短大をぎりぎりの単位で卒業した。

濾過機の製造販売を開始

１９６３（昭和38）年、昭和堂を辞める叔父から、食用油の濾過機の製造販売をしないかという誘いがあった。そして、横浜市鶴見区馬場町の水道タンクの下の一軒家で日本スタンダード・アソシエート株式会社を設立。スタートした。三谷は営業と技術を担当。設計、板金、塗装と機械を組立てながら、全国を売って歩いた。

営業は飛び込み。地方に行くと営業の前日に旅館に泊まり、職業別電話帳で菓子店や豆腐店をリストアップし、翌日、リストに上げた店に営業する。「廃油で作って食べられる?」。顧客は嘘だと言って、信じない。営業車のカローラに積んでいるテスト機を使い、その場で実演すると納得。すぐに販売する。一番コンパクトな食用油濾過機OC4型が、3万9500円だった。

当時は競争相手もなく、よく売れた。最高で月に27台、売ったこともあった。

本社を東京・日本橋箱崎町に移転。本社の社員も45人となり、大卒も採用した。工場でも38人が働いた。

日本スタンダード・アソシエートは1967(昭和42)年、桜並木で有名な造幣局に近い天六に大阪支店を開設した。三谷は弱冠25歳で支店長。16人の社員とともに独立採算制で静岡県焼津より西を営業した。東名もまだ全通していない時代、九州まで国道2号線を走った。

三谷が九州出張中、経営の問題で社長と大きな行き違いがあった。九州気質で我慢できない三谷は、後を副支店長に任せて、社を去った。

出会いからさまざまな事業に

川崎に戻った三谷が次の仕事に選んだのがタクシーの運転手だった。

さらに、バーの経営者とのふとした出会いから、タクシーの運転手をしながら、バーを経営することになった。バーを経営するといってもアルコールは口にしないから、バーの客がタクシーの客でもあった。経営したバーは8軒にも及んだ。

次に出会ったのは、八丁畷の飲食店の主人。すごい商人だった。三谷はこの社長の教えを聞いて、不動産業と金融業を学んだ。

まず建売住宅の販売。15～16坪で家が建ち、300万円で売れる。利益率は高い。八丁畷、鶴見市場周辺で70棟ほど、販売した。宅地建物取引主任者（現在の宅地建物取引士）をはじめ、現在、18の資格を取得している三谷。「人に頼らないでも、仕事ができるのが強み」と語る。

1971（昭和46）年7月、日本でのマクドナルド1号店が銀座にオープンした。日本マクドナルドの創業者藤田田に紹介され受注を受けた三谷。内容は前店舗の取り壊しから電気や給排水工事も含めて4日間、作業時間80時間で新店舗をつくるというものだった。三谷が経営する近代建設株式会社はそれを何とか成し遂げた。三谷自身もコンクリートのハツリ作業に加わった。この結果が信頼を生み、以来日本でマク

第二の恩人藤田田氏（右から2人目）と三谷社長。
平成7年の日本スタンダード本社ビル竣工祝賀パーティーで

ドナルドが開店した3600店舗の半数は関連する38社の協力を得て近代建設が施工した。三谷は藤田氏を二人目の恩人という。

事業はさらに拡大する。1973（昭和48）年、金融を業務とする株式会社パブリックを設立。それぞれの事業が収益をもたらした。

実績と環境問題を追い風に

叔父から再び声が掛かり、三谷はスタンダード・アソシエイツ株式会社に戻った。叔父は経営から退き、技術面を担当。経営は三谷に託された。1979（昭和54）年3月、本社を東京から川崎の現在地に移転し、これを機に食用油濾過機の製造販売だけでなく、プラント工事、一般食品機械の設計、製造販売に事業を広げた。そして、1980（昭和55）年12月、販売会社として日本スタンダード株式会社を設立する。

廃油の処理など、環境問題の深刻化で、ますます濾過機のニーズは高まる。しかし、一時は30社以上あった競合も4社に淘汰された。50年の歴史から生まれる濾過機

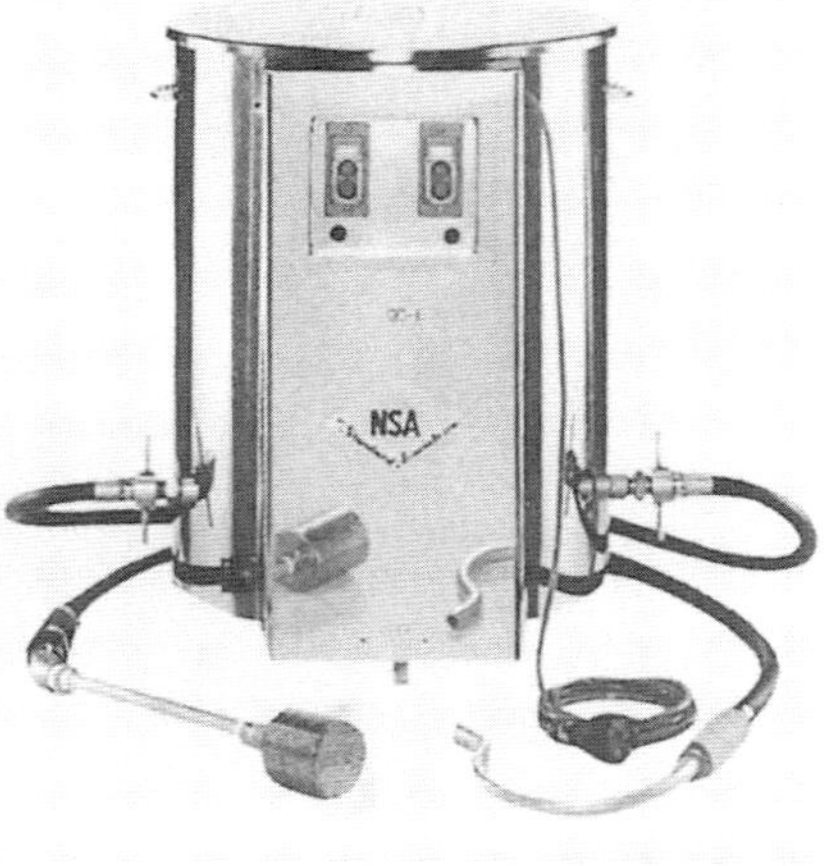

中型の食用油濾過機OC-1型。学校や食品関係の企業に多く採用され、これまでに6000台を販売

技術は他の追随を許さない。

当初は食品店や菓子店、パン店、豆腐店、飲食店など個人経営者を主に営業していた食用油濾過機も、現在は大手食品メーカー、製パンメーカー、さらに１７００店舗を超えるバーガーチェーンなど、大手企業の採用も少なくない。ユーザーに合わせて、1分間の油の吐出量10リットルの小型機から３００リットルの大型機までラインナップを揃え、必要に応じてはオリジナル機の製造にも対応する。第一工場と第二工場の2工場による生産体制を確立する一方、電気部品やポンプなどの材料を現金で仕入れるなど、コスト管理も徹底している。

代理店は全国で１４０社以上。特に大阪の顧客は値引き交渉が厳しく、「値段を決められる担当者に来てもらいたい」と代理店から声が掛かれば、社長の三谷本人が出向くこともある。

東京ビッグサイトをはじめ、大阪、名古屋、北海道、新潟などで開かれる食品業界の展示会にも頻繁に出展している。

「体は疲れるけど、毎日が楽しい」

三谷はこの他にも、警備会社、産業廃棄物処理会社などを経営し、川崎の繁華街に12のビルを所有する。また、保護司をはじめ、警察関係、海外交流関係など、多くの役職にも就く。

5年前の大病で体重も減り、食事の量も減った三谷だが、頭のコンピュータはフル回転。現在も「休む時間は毎日4時間」と語る。

自身が午年生まれで、馬が大好き。競走馬を6頭所有する。正月は競馬場で過ごす。いい馬がいると、青森や北海道にも赴く。

三谷輝夫社長（左）と三谷雪取締役

⑪ 日本スタンダード株式会社

企業プロフィール

商　　号：日本スタンダード株式会社
本　　社：川崎市川崎区日進町12-17
代 表 者：代表取締役会長　三谷輝夫
資 本 金：1,000万円
設　　立：1980年（昭和55年）12月1日
事業内容：食用油濾過機製造販売、プラント工事、一般食品機械設計、製造販売
T　E　L：044-222-1531
F　A　X：044-233-6448
http://www.nihon-standard.jp/

12

モナリザン

洋食と本格イタリアンにワインを添えて

自転車店から喫茶店へ

レトロな雰囲気そのまま、〝川崎で一番古いイタリアン〟として知られるモナリザンが、現在のたちばな通りで営業を始めたのは2001(平成13)年。創業は日本中が東京オリンピックに沸いた1964(昭和39)年だが、実はそこに至るまでにも長い歳月の積み重ねがあった。

モナリザンの礎を築いた大嶌正二郎は1914(大正3)年に長野県に生まれ、満蒙開拓団に加わって旧満州に渡った。建国間もない満州国の維持と、国内の疲弊した農村を救済するため、国策として熱い志を持つ多くの若者が入植者として送り込まれていた。

しかし、彼らの夢は日本の敗戦であっけなく潰えた。着の身着のまま、命からがら幼い2人の子を抱えて帰国を果たした大嶌一家は、川崎市にいた正二郎の兄を頼った。夫婦は懸命に働き、大嶌自転車販売店を立ち上げた。満州で米国系自動車会社のエンジニアとして働いていた正二郎の技術を生かしたのである。

物資不足に悩む戦後の日本で、自転車は貴重な交通手段として人気があった。売り手市場のためにメーカーの力が強く、仕入れは現金払いだが、高価な自転車を買う顧客は月賦払い。そのため、売れれば売れるほど経営は苦しくなった。

「父は通りに面した店舗の半分を大嶌コーヒーという喫茶店にして、日銭を稼ぐことにしました。エンジニアらしい合理的な考え方です。そして単価が安い喫茶メニューを補うため、人づてに帝国ホテルの元シェフを紹介してもらい、ミートソース、ナポリタン、カレーライスのレシピを買い取ったそうです」

当時、スパゲッティが食べられる店は都内でも数店しかなく、そのひとつが帝国ホテルだったが、それをラーメンよりも少し高いだけの価格で提供した。こうして誕生した「喫茶モナリザン」は〝川崎の小さなイタリア〟として、たちまち人気店となった。

創業者の大嶌正二郎

川崎のイタリア料理店の草分け

2代目となる正人は1943（昭和18）年、旧満州で生まれた。次いで妹が、帰国後に川崎で弟の広行が生まれ、一家は5人になった。

「物心ついた時から自転車があったから、将来は自転車屋になるつもりでしたが、中学校を卒業する頃に自転車屋は廃業し、何となく目標を見失ったような気持ちでした」

大学を卒業した正人は第一ホテルに就職したが、2年ほどで父に呼び戻された。すっかり軌道に乗ったモナリザンは1964（昭和39）年に法人化し、現在はこの年を創業年としているが、当時は看板メニューの3品を覚えると、コックがすぐに辞めてしまうという深刻な問題が起きていた。

「メニューを増やそう」と考えた正人は、パスタメーカーの研修制度に参加、イタリアのローマにある国立調理専門学校エナルクで約1ヵ月、本場のイタリア料理を学んだ。この時、同室になったのが横浜福富町と元町にあった「イタリアンハウス」のオーナーシェフ故芦川孝氏だった。

「帰国後にイタリア料理店をやりたいと言うと、レストラン経営と料理についていろいろ話して下さった。〝ここで習ったことをそのままやってはいけない。日本人の口に合うイタリアンにすることが大切だ〟という芦川さんのアドバイスは本当に役に立ちました」

帰国した正人はイタリアンハウスで日本流のイタリアンを学び、そこに大学を卒業したばかりの6歳下の弟・広行が合流した。こうしてモナリザンは本格的なイタリア料理店へと生まれ変わったが、ナポリタンやミートソース、ドリアなどの人気メニューは残すことにした。店の味を愛して通ってくれた顧客のためである。その一方で新たに始めたのがアンテパスト、スパゲティ、ピザを20種類ほど、

1971年頃の店舗

ラザニア、カネロニ、ラビオリ、肉料理。そして最も力を注いだのがワインの品ぞろえの充実である。

「ピザを知っている人はほとんどいなくて、ライスと一緒にご注文されたり、タバスコをかけすぎたり…。ワインといえば甘い赤玉ポートワインという時代で、甘くない、飲めないというお客様も少なくありませんでした。そんなことがしばらく続きましたが、売上げは順調に伸びていきました。それで安心したのか、1972（昭和47）年に父が心筋梗塞で急死してしまったのが心残りです」

まだ58歳という若さだった。その喪失感と悲しみを乗り越えた正人・広行兄弟は、秀子、恵子という伴侶に恵まれ、2組の夫婦が車の4輪のようにモナリザンを支えていくことになった。

老舗の香りを漂わせる新店舗

モナリザンの〝創業〟から十数年、1980年代になるとイタリア料理の裾野が広がり、日本中に〝イタめしブーム〟が起きた。折しも川崎駅東口の再開発が進み、地下街アゼリアやチネチッタがオープン、川崎駅ビルの増改築も進められた。近隣に競合店が増える中、モナリザンは1981（昭和56）年に銀柳街に、1988（昭和63）年には完成したばかりの菱星ショッピングセンター（現川崎ルフロン）に出店、砂子2丁目にあった本店（現ルリエ川崎駅前）との3店体制でフル回転した。

「後から考えればバブルではあったものの、10坪足らずの店が銀柳街に出店できたこと、地元店の枠が2軒しかなかったルフロンの10階に出店できたことは大きな自信になりました。地元の人たちと

創業時から人気のキャセロール

の交流の中で信用も高まり、得がたい経験ができたと思います」

その後、旧本店があった砂子2丁目の店舗一帯の建替え工事計画が持ち上がった。完成後のビルにテナントとして入る選択肢はあったが、同じたちばな通りの現在地（東田町）の空き物件を紹介された。あれこれ考えた末に古い建物は取り壊し、イタリアンレストランとしての使いやすさを考慮した3階建てを新築。そして2001（平成13）年、カウンター席から60名程度の宴会場まで様々なレイアウトができる、新たなモナリザンが誕生した。

「1店に集約したことで効率的な経営が可能になりました。しかも目の前に川崎市役所第3庁舎ができて人の流れが増え、ランチにいらしたお客様がディナーや宴会に使ってくれることが増えました。銀柳街やルフロンの店に通っていたお客様も来て下さるので、その2店はアンテナショップのような役割を果たしてくれたと思っています」

新たな場所での新装開店ではあったが、内装にはあえてレトロな洋食屋の雰囲気を残した。そこにはたとえ場所は変わっても、「いつものあの店に帰ってきた」という雰囲気をお客様と共有したいという、経営者家族の温かい思いが詰め込まれている。

時代を超えて受け継がれる味とぬくもり

いま、モナリザンを支えるのは正人の長男・正悟で、シェフとして腕をふるっている。学校卒業後はＩＴ企業等に勤務していたが、父正人の「やらないか」という誘いに応えて３代目を継ぐ形となった。学生時代から店を手伝った経験も十分にあり、時が満ちたということだろう。

35歳で退社した正悟は留学経験のあるアメリカ行きを決め、カリフォルニアでレストラン経営とワイン評価を学んだ後、料理の修行のためにイタリアに渡った。イタリアでは全20州を巡り、各地の郷土料理を学ぶとともにワインについての造詣を深め、イタリア国家認定のソムリエの資格を取得した。

２０１２（平成24）年にモナリザンに入社した正悟は創業以来の味を受け継ぐ一方、イタリア郷土料理をベースにした新しいレシピを次々と生み出し、それに合うワイン選びに心血を注いでいる。

「私たちの知らないメニューが出てくることが増えて大変ですが、それを楽しみにしているお客様も多い。正悟が入ってからワインのラインナップが広がり、美味しいワインが飲める店として評価されるようになりました」

最近の飲食店経営にはほぼ不可欠となっているホームページや

シェフとして腕をふるう３代目の正悟

フェイスブック、ツイッターなど、SNSを通じた情報発信も、サラリーマン時代の経験を生かして正悟が一手に引き受けている。

3代目が吹き込む新しい風の中でも、これまでの習慣は頑なに守られている。午前11時の開店と同時に待ちかねた客が入店し、ランチタイムはゆったりと午後3時まで。しかも同時刻からディナータイムに切り替わり、ディナーのラストオーダーも平日は午後10時30分までという実質的な通し営業だ。しかも12月31日~1月3日を除いて年中無休。これはイタリアン専門店に変えて以来の伝統で、飲食店は休業日がない方が新鮮な食材を効率よく提供しやすいという考えに基づいている。

「そんなことを50年以上も続けてこられたのは夫婦、というより、店の仕事に加えて家事も子育てもしてくれた家内と弟の妻の力。私も手伝うようにはしていましたが(笑)、そろそろ世代交代を考える時期ですね」

スキル重視の調理スタッフはともかく、ホールスタッフは学生アルバイトが多く、スムーズな接客のためにはまとめ役の存在が欠かせない。その役目はこれまで交代で働く家族の誰かが担ってきたが、ここに世代交代の必要性が生じている。

〝川崎随一の老舗〟としてマスコミの取材も多く、特にテレビ放映の影響は大きい。その一方、店が3代目になっているのと同じく、家族3代で顔なじみという歴史があるのも老舗ならではだ。

「カップルで来ていたお客様が結婚され、そのお子さんの結婚式の2次会をここでやり、また生まれた子どもを連れて来てくださる。古い常連さんに〝俺も頑張るよ〟と言われると、長くやって来たんだなぁと感じます」

日本のイタリア料理の黎明期にいち早く川崎で誕生したモナリザンでは、日本生まれの親しみやすい洋食と、素材の持ち味を生かす技で日本の伝統料理にも通じる本格的イタリアンのメニューとが、時代を超えて提供され続けている。

それは父から受け継いだ店を守り通した2人の息子とその妻、2組の夫婦の人生の軌跡そのものであり、そのバトンはいま、確かに次の世代に受け継がれようとしている。

家族経営が最高の隠し味

⑫ モナリザン

企業プロフィール

商　　号：モナリザン
本　　社：川崎市川崎区東田町4-10（たちばな通り）
代 表 者：大嶌正人
資 本 金：300万円
創　　業：1955年（昭和30年）
設　　立：1964年（昭和39年）
事業内容：イタリア料理
T　E　L：044-222-7445
F　A　X：044-222-7449
http://www.monarizan.co.jp//

世界中の働く手、頑張る手のために

薬店の見習いからスタート

数あるハンドクリームの中でも「手荒れに効くクリームといえばこれ」という根強いファンを持つユースキンA。オレンジ色のキャップがトレードマークのこの商品が世に出たのは1957（昭和32）年のことである。

ユースキンの生みの親・野渡良清は1915（大正4）年9月22日、神奈川県高座郡六会村（現藤沢市湘南台）の農家の四男として誕生。六会尋常高等小学校を卒業して農業に励んでいたが、1932（昭和7）年、母方の伯父の勧めで鶴見市場町のタカセ薬局に勤めることになった。

店番をしながら主人の薬剤師・高瀬定吉氏の接客方法を学び、薬の名前や効能を覚え、医薬品販売の基本を身につけた。アルファベットや化学式を独学で学ぶうちに一生の仕事にしようという思いを強くし、1939（昭和14）年、神奈川県薬種商の試験を受けて合格。1941（昭和16）年11月、2000円の貯金を元手に南小田町（川崎市川崎区）で「清明堂薬品店」を開店したが、間もなく太平洋戦争が勃発した。

品物さえあれば売れた時代だったが、良清は１９４３（昭和18）年8月、身重の妻トクを残して出征、薬種商の資格があったため、インドネシアのハルマヘラ島の野戦病院で衛生兵となった。無事に終戦を迎えたものの、帰国できたのは１９４６（昭和21）年6月だった。

焼け野原となった川崎の渡田新町で土地を貸してくれる人があり、次兄の物置の下屋の材木をもらって家を建て、同年12月、「清明堂野渡薬房」を開店する一方、親友の菊池七之助氏と「野菊薬品商会」を起こし、注文取り・配達業務も始めた。そして１９４８（昭和23）年、利便性のよい川崎区貝塚（現本社所在地）に店舗兼用住宅を建て、「中央薬品産業株式会社」を設立した。

創業当時の野渡良清

ロングセラー・ユースキンの誕生

中央薬品産業では通常の薬局では取り扱わない商品を多くそろえた。工場地帯の川崎には企業の試験室や研究室が多く、工業薬品や化学薬品、試薬や染料などがよく売れたからである。

衛生環境が悪い当時は蛆《うじ》（ハエの幼虫）や蚊、ノミなどがはびこり、防虫殺蛆剤のクレゾール系の乳剤が飛ぶように売れた。自前で作ればもっと売れると考えた良清が、納入先の製油会社の技術顧問をしていた綿谷益次郎氏に相談すると、すぐに製品化の目途を立ててくれた。綿谷氏は東京帝国大学医学部薬学科を卒業した薬化学の専門家で、最新の界面活性剤にも造詣が深かった。綿谷氏のアドバイスで境町に工場用地を確保し、医薬品製造業の許可を取得した良清は1955（昭和30）年3月、「瑞穂化学工業株式会社」を設立した。

英国製殺虫剤トキサフェンにちなんで「トキゾール」と名づけた殺蛆剤を、赤玉ポートワインの古ビンに充填して売り出すとたちまち評判になった。それから間もない木枯らしの吹く寒い日、手の甲が痛々しくひび割れた婦人が来店したため、良清は当時主流であったワセリンを勧めた。

「これはベタつくし、あまり効かないんですよ…」

ため息をつきながらも買って帰った婦人の後ろ姿を見送った良清は、何だか申し訳ない気持ちになり、しばらく考え込んだ末に思いついた。

「ベタつかず、手荒れによく効く塗り薬を作れば、きっと多くの人に喜ばれるだろう」

良清は母が使っていたベルツ水を思い浮かべた。グリセリン、アルコール、水酸化カリウムを主成分とする荒れ止め用の化粧水である。そして保湿性と柔軟性を持たせるグリセリンを主剤とし、皮膚

ユースキン開発の功労者・綿谷益次郎博士

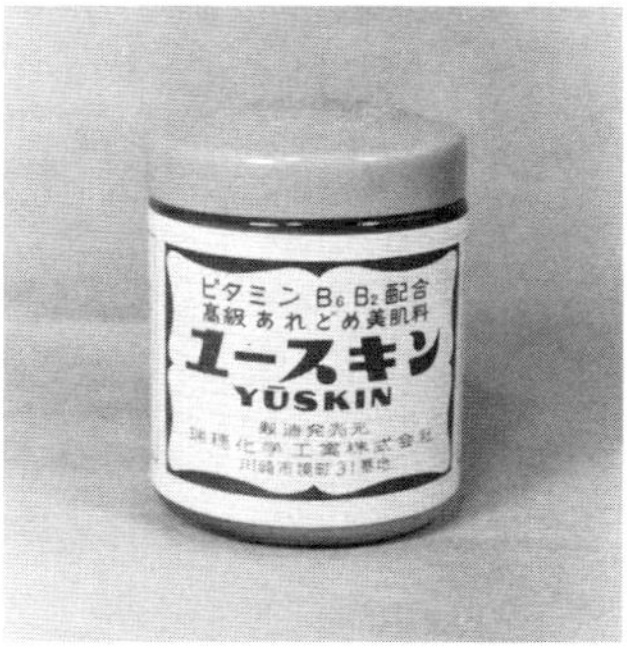

初代ユースキン

の抵抗性を高めるビタミンB_2、炎症を抑えるdl-カンフルを加えるという良清のアイデアを元に、綿谷氏が調合を始めた。ビタミンB_2の黄色と、dl-カンフルによる独特の香りを持つハンドクリームは異例だったが、昇華性で移り香の心配もなく、クリームの黄色もつけるとすぐに消えるため、商品の特徴になると考えたのだ。

綿谷氏の調合作業を見ていた良清はその手に目を止め、「あなたの肌＝ユースキン」というネーミングを思いつく。そして1957（昭和32）年7月、医薬品としての製造許可がおり、10月に販売を開始した。ロングセラー商品「ユースキン」の誕生である。温めたクリームをやかんに入れ、ひとつひとつ心をこめ、社員総出で容器に注いだ。

母が勧めしユースキンA

驚いたのは薬局だった。黄色く独特の香りがするユースキンは、ハンドクリームは白くて無臭という当時の常識を覆す商品だったからである。しかし、サンプルを使用した人の反応は上々で、ユースキンは「黄色い荒れ止めクリーム」で通用するほど市場に浸透していった。

1958（昭和33）年、川崎ではまだ珍しかった鉄筋4階建て本社ビルを建設。人員を増やして販売体制を強化し、売上げの大半をユースキンが占めた1968（昭和43）年、社名を「ユースキン製薬株式会社」に改めた。

1971（昭和46）年には冬場に需要の多いユースキンを補完するため、夏場に売れる虫さされ・かゆみ止めの「リカA」の製造販売をスタートさせ、1973（昭和48）年には新しい鶴見工場（横浜市鶴見区）に乳化、充填、包装の機械を導入した。処方の一部を改良し、商品名を「ユースキンA」に変更したのもこの頃である。

同年4月、2代目の和義が入社する。英語が得意な和義は商社マンや外交官を夢見ていたが、大学卒業後、ハウスメーカーに就職していた。発売から16年経ったユースキンAは都市圏で売上げを伸ばしてきたが、地方はまだ手薄だった。営業担当の和義らは4万3千軒あるといわれた全国の薬局を車で回り、サンプル提供で販売促進に努めた。

「車で移動すると地形の起伏や空気感がよくわかる。司馬遼太郎をよく読んでいたこともあり、歴史や文化というと大げさだが、気候や市場性を肌で感じたことはその後の大きな財産となっている」

1983（昭和58）年にはロゴデザインを一新、オレンジとベージュのツートンカラーの意匠は今日に受け継がれている。一方、この頃から価格競争が激しくなったため、流通効率を考えて容量を減らし、実質的な値上げを断行した。一時は売上げが落ち込んだが、店頭での推奨販売にもつながり、愛用者も戻ってきた。そこにさらなる追い風が吹いた。

1985（昭和60）年、『暮しの手帖』（暮しの手帖社）が行った市販のハンドクリームの製品評価で、ユースキンAの抜きん

1958年に完成した最初の鉄筋本社ビル

でた保湿力が世の中に知らしめられたのである。さらに1987（昭和62）年にベストセラーとなった俵万智の『サラダ記念日』に次の一首があった。

熱心に母が勧めし「ユースキンA」という名のハンドクリーム

「『暮しの手帖』の記事はコピーして営業先に見せました。化学的な裏付けは確実な説得材料でした。短歌の方は…やせ我慢して宣伝には使いませんでしたけど（笑）」

それまで口コミで売れていたユースキンAは客観的な高い評価を得て、新たなファンを獲得した。

お客様の声とともに

主軸商品のユースキンAの売上げは冬季の寒暖に売上げが左右されやすい。その一本足打法が弱点だと考えていたユースキン製薬は、1983（昭和58）年、医師が反対していた妊娠検査薬の店頭販売に挑戦した。他社に先がけた分の先行者利益は得られたが、それもつかの間、店頭販売が黙認されると競合が増えてシェアはたちまち低下、不良在庫を抱えて資金繰りが悪化した。なんとか倒産の危機を乗り切った後に和義が2代目社長に就任、ユースキンAへの原点回帰を徹底して2年余りで経営を立て直した。

同じ頃、韓国の製薬企業から依頼を受け、1989（平成元）年から現地でのライセンス生産を開始した。現在では海外展開も広がり、代理店を通じて開拓した台湾では順調に売上げを伸ばし、アメリカでは「Ｙｕ－Ｂｅ（ユービ）」の商品名で発売、中国でも中国人社員を通じて攻めの営業を展開している。

「韓国のハンドクリームは尿素系が中心でユースキンＡは苦戦したが、虫さされ・かゆみ止めのリカＡがヒットした。寒冷地のモンゴルでも数はわずかだが愛用者が増えている」

話は良清の社長時代に戻るが、ユースキンＡが広まるにつれ、手荒れが治ったという感謝の手紙が会社宛に届くようになった。良清はすべての手紙に自筆で返事を書き、文通のようにやりとりが続くこともあった。それは良清の信条「誠実・謙虚・勇断」を社是として受け継いだ現在も途切れることなく、お客様のアンケートや手紙には必ず社長の和義が目を通し、お客様相談室のスタッフが手書きのメッセージを添えて返信している。

ことわざや格言が好きだった良清は毎年、31の格言を載せたカレンダーを制作してきた。当初は印刷屋が持ち込む既製品を使っていたが、オリジナルの格言を公募してみると１０００編以上の応募が寄せられ、そこから「ユースキンの愛用者に選考してもらう」というアイデアが生まれた。

「愛用者とのふれあいの場が欲しい」という想いとも結びつき、１９９９（平成11）年、愛用者を招いた格言選考会が始まった。その後、会場は東京、名古屋、大阪と広がり、選考に加えて愛用者から製品に対する想いや意見をうかがう場となり、現在も毎年、数ヵ所の会場で開催されている。

2012年に完成した新社屋

２０１１（平成23）年に起きた東日本大震災を機に、和義は横浜工場と川崎配送センターを富山県富山市八尾中核工業団地に移転することを決断した。地震や台風などの自然災害が少ない、原材料の取引先が多い、川崎からのアクセスが悪くないことが決め手となった。その後２０１６（平成28）年４月の富山工場本格稼働に続き、２０１８（平成30）年には富山物流センターが完成し、現在では生産・物流拠点は富山県に集約されている。

また、２０１４（平成26）年には若い世代を意識した「ユースキンｈáｎａ（ハナ）」シリーズを発売。ユースキンＡの技術を活かした高保湿処方に花の香りを加え、新たなユーザーを獲得している。

創業者が手荒れの悩みを解決しようと思い立ってから60余年、ユースキンの温かい視線はいつも、世界中の働く手、頑張る手に注がれている。

野渡和義社長

⑬ ユースキン製薬株式会社

企業プロフィール

商　　号：ユースキン製薬株式会社
本　　社：川崎市川崎区貝塚１－１－11
代 表 者：代表取締役社長　野渡和義
資 本 金：8,300万円
創　　業：1955年（昭和30年）
事業内容：医薬品等製造販売
ＴＥＬ：044-222-1412
ＦＡＸ：044-222-3776
http://www.yuskin.co.jp/

14

株式会社 北野書店

本と出会い、人と出会う。街の未来を育む地域書店

兄弟4人で書店を経営する

北野書店の2代目社長、現会長北野精三は4人兄弟の末っ子。父は日本鋼管に勤める北野嘉太郎。戦後まもなく母を亡くし、母親代わりでもあった姉の房子とその下に量平、定男の二人の兄がいた。

北野書店の創業は、房子のちょっとした出会いがきっかけだった。北野家はそれまで現在の川崎病院の近くに住んでいたが、戦時下、精三が大山に集団疎開中、川崎大空襲で焼け出され、古市場2丁目の日本鋼管の社宅に暮らしていた。当時、戸板女子専門学校の被服科の教壇に立っていた房子が鹿島田の街を歩いていると、下平間のマーケットで書店を経営していた知り合いから「この店をやってみないか」と声を掛けられた。

北野家のルーツをたどると、もともと嘉太郎の身内が

鹿島田の旧店舗時代、たばこコーナーの嘉太郎

川崎区内平和通りで戦前、「北野書店」を経営していた。その北野書店を継承しているわけではないが、日本鋼管の技術者だった嘉太郎は「子どもは学校を出なくちゃ、ダメ」が口癖で、あの当時から子どもたちに習字などの習い事をさせるほど教育には熱心だった。そんな環境もあって、房子も裁縫の教員に進み、家にはミシンもあった。長男量平も横浜国大に進学し、企業を経て、明治大学の大学院で学び、知る人ぞ知る電気工学の研究者になった。血は争えない。房子の持ってきた話に兄弟で答えを出した時、一番喜んだのは父嘉太郎だったのではないだろうか。

試行錯誤の書店経営

戦後の混乱期。書店の店頭にも新刊が並ぶわけではない。本の仕入れは精三と定男が、リュックサックを背負って神田の書店を回る。当時の省線で神田に通った。現地につくまで店頭にどんな本があるのか分からないから、何を買うか、定男がその場で決めた。精三は主に荷物運び。どんなに重い思いをしても運べる本の数には限りがある。

十分な物資が集まっていない下平間のマーケットの小さい書店では、店頭の本はなかなか売れないが、店先に並べた大学芋や知り合いから送られたりんごはよく売れた。

１９４９（昭和24）年、鹿島田駅前に商店街が作られることになり、北野書店は駅前の９・９坪を手に入れ、移転する。「当時だから、区画も小分けで、どこがいいかと言われたから、駅の真ん前にしました」。その選択が今の北野書店の基礎を築いた。

やがて南武線沿線の書店に強かった取次業者「中央社」が巡回するようになり、仕入れも楽になったが、直接仕入れるのと違い、売れなければ返品が利く。何よりもありがたかった。

社長の房子は教員と掛け持ち。量平は大学を卒業してサラリーマンになり、書店は定男と精三の二人が中心になって店を切り盛りしたが、思うようには儲らない。

昭和40年代の店舗と定男の妻宮子。宮子も欠かせない働き手の一人だった

1953（昭和28）年からは学校の教科書を扱うようになった。川崎市は高度成長によって地方からの流入者も多く、人口の大幅な増加もあり、北野書店が扱う学校の数も増えた。

複合店と多角経営

店頭では嘉太郎がたばこを売り、赤電話の公衆電話もあった。当時、たばこの販売は認可制だったが、駅前という理由で許可が取れたのかもしれない。一時期は酒類も置いた。クリスマスの日。ケーキの専門店と不二家と2か所から仕入れたケーキが4～500個も売れた。「それが高度成長の生き様」と精三は回顧する。駅に近いという強みは大きかった。

駅前という立地のよさも相まって、北野書店は成長していった。隣接する文房具店の閉店で、店舗も大きくなる一方、下北沢や向河原に、後になって社長を精三が引き継いでからは、桜木町やパークシティ新川崎、元住吉にも店舗を展開した。

音楽が好きだった精三は中央社の「レコードを置かない?」という勧めに乗って、文房具屋を吸収した頃から、レコードを扱うようになった。書店でレコードを販売する店は珍しく、雑誌販売用のラックに差して売ると、意外に売れた。

「その代わりに、面倒なこともありました。万引きを追いかけてよくタックルしました」

1976(昭和51)年12月5日。鹿島田駅前の本店を建て替え、新装開店。当時、この地域には3階建ての頑強な建物はなく、ランドマーク的な存在だった。1階は書籍全般、2階はレコード、3階には学習参考書を並べた。

まだ、レコードやカセットテープが全盛の時代。それから5、6年して、CDが登場。やがて、レコードがなくなり、かつての作品を集めたセットもののCDがすごく売れた。

定男、精三の兄弟が仕切っていた店は、兄弟がそれぞれ結婚すると、その妻や子ども、甥、姪など親戚が働き手として大きな戦力を担っていた。

「書店の店頭に立っていても人との接触が少ない」と、精三は店の

鹿島田駅前に昭和51年、開店した店舗の2階のレコード売場。現在は本社

近くで居酒屋を経営していたことが2度ある。昭和30年代には大衆酒場「源氏」。築地に板前を連れていって生鮮品を仕入れた。近くにあった東芝タンガロイの社員がよく来てくれた。

平成に入ってからも15年間、居酒屋「北浜」を経営。開店して2か月で料理人が辞めると、料理に堪能な精三の妻直子が腕を振るった。「お店の人たちにお昼の食事を食べてもらいたくて…」。社員への思いが、福利厚生に形を変えた。

「ここでは書店で言えないことが平気で言えます」。飲む飲まないに関わらず、親しくなると人間関係が豊かになる。そういう部分では商人っていいなと。「商売するということは人の心も知る。店頭で会話するだけでも人の心がわかる。そういう意味では飲み屋で学ぶことは多かったです」

本店移転と新しい書店作り

2000（平成12）年、後に3代目を継ぐ嘉信が大学を卒業して入社した。彼は学生時代の契約社員からそのまま大手出版社に就職する予定だったが、教科書の販売などによる繁忙期の会社を手伝いながら考えを変えた。そして、営業部長を経て、2008（平成20）年、社長に就任した。

その翌年、周囲の反対を押し切って、本社ビルから駅前の再開発ビルへの本店移転を決断した。テナント料こそかかるが、ペデストリアンデッキの登場で動線的には駅前と捉えづらくなるそれまでの本店。

新店舗は店舗面積も2・5倍に広がり、しかも、見通しのいい1フロアだ。そのスペースを生かして、子どもたちへの読み聞かせ、大学生のインターンシップの受け入れ、店頭のコンサート、理科工作や工芸のワークショップなど、書店をベースにさまざまなイベントに取り組んでいる。この2月には外国籍の子どもたちも多い川崎に相応しく、世界の子どもたちの暮らしや文化を紹介する本を集めた「いろいろブックフェア」も開催した。

「VR（仮想現実）など最新の技術が盛り込まれているゲームも置いていますし、いろいろな目的で店を訪れた人に、逆に本に触れる機会を持ってほしいと考えています。子どもも大人も含めて、人と知り合い、そこに学ぶことがあり、そこに人の心を知る。居酒屋も書店も、本当の出会いの場所であるというルーツは同じなんです」。

先代から続く複合店の形態を、逆転の発想で転換し、来店者の獲得を図る。そのための地域書店の実践がここにある。

「地域書店の役割は地元の方々の発掘したものを発信することです」

店頭に設けられた鹿島田にゆかりの絵本作家かこさとしさんの作品を

現在の本店のレジ前。広い店先には書籍や雑誌以外にもさまざまな商品が並ぶ

地域の生んだ絵本作家かこさとしさんの作品のコーナーなど地域との関わりを大切にする北野書店

集めたコーナー、中原区在住の東京理科大学前学長で栄誉教授の藤嶋昭先生のコーナーはもとより、「多摩川ノート　土手の草花（中本賢著）」のように自社出版の書籍もある。

北野書店に近い古市場地区でセツルメント活動を行っていた、かこさん。子どもたちとの交流はさまざまな作品の原点となった。かこさんとかねてから親交のあった藤嶋先生からの紹介で北野書店との縁が生まれ、２０１４（平成26）年、かこさんは44年振りにゆかりの地を訪れるとともに、同店にも来店した。そして、ゆかりの地川崎での展示会を同店主催で開催することが決まった。

２０１８（平成30）年5月、「かこさとし展『川崎《ここ》から』」の準備をしている最中、かこさんの訃報が入った。一時は展示会の中止も考えたが、かこさんの思いやメッセージを、ゆかりの地から発信することが、地域書店の大きな役割でもある。一部内容を変更して開催した。かこさんの作品を愛する多くの人々が会場に足を運んだ。

川崎市内の図書ボランティアから要望があった「復刻版かわさきのむかし話」もさまざまな伝手をたどって、復刻させた。

ありし日のかこさとしさん（写真左）と藤嶋昭先生。平成26年４月、北野書店の前で

本離れといわれる昨今、どこの書店も苦戦を強いられている。北野書店もインターネット通販にも取り組み、電子書籍との共存を模索する。その一方で独自の取り組みを地域に発信することで、顧客を拡大し、開拓を続ける。

入社3年後、嘉信は経営理念の策定を精三に持ちかけた。「愛社精神に徹した社業発展と従業員の幸福を図る」「文化を通じて知的資産のさらなる普及を応援し、社会の発展に貢献する」を経営理念と定め、「明朗・親切・信頼・情報・行動力」の行動指針を作った。そこには「従業員一人一人が経営者のようになってほしい」という精三の思いが込められている。

北野書店の70年の歴史は地域に暮らす人々の出会いや本への思いと、それに応えてきた社員や家族の力に支えられてきた。

北野 嘉信社長（左）と精三会長

⑭ 株式会社 北野書店

企業プロフィール

商　　号：株式会社 北野書店
本社事務所：川崎市幸区鹿島田1-18-7 KITANOビル3F
代 表 者：代表取締役　北野嘉信
資 本 金：1,000万円
設　　立：1947年（昭和22年）5月
事業内容：書籍・雑誌・DVD・ゲームなどの販売、公共図書館・学校への書籍・雑誌の納入・販売、学校への教科書・教材の納入・販売、公共図書館整理委託業務・図書装備委託業務、出版事業
Ｔ Ｅ Ｌ：044-511-5491㈹
Ｆ Ａ Ｘ：044-511-2340
事 業 所：本店、物流センター

15

株式会社　大山組

まちに寄り添い、まちづくりを応援する建設会社

大山公園とも呼ばれた等々力緑地

ＪＲ南武線武蔵中原駅近くの安楽寺（中原区下小田中）の境内に、かつて徳育教育で知られた私立学校時習学館（後に時習学校）があった。住職の宗澤文山師が１８８５（明治18）年に開館したもので、文山師を慕う生徒が遠方からも集まり、１９４３（昭和18）年の閉校までに約３５００人の卒業生を送り出した。中原村の大山重八の三男・栄八もその一人で、１９１７（大正６）年に時習学館の門を叩いた。

時習学館で学んだ栄八は東急多摩川線下丸子駅前（東京都大田区下丸子３丁目）にあった竹下組に入り、嶺鵜耕地の造成に従事した。１９１８（大正18）年から16年かけて実施された多摩川改修事業の一環として行われた耕地整理事業で、地元の字の名である「嶺」と「鵜の木」から一字を採り、「嶺鵜耕地整理組合」が結成されている。

嶺鵜耕地整理組合の事業に参加した創業者・大山栄八（後列右）1940年

竹下組は1932（昭和7）年に完成した丸子橋の架橋や東京急行電鉄関係の工事などを手がけ、ここで経験を積んだ栄八は終戦間もない1946（昭和21）年2月、新丸子駅近くで大山組を創立、主に東急電鉄関係の仕事を受注して基礎を固める一方、等々力緑地の整備事業に深く関わるようになった。

等々力緑地は昭和初期まで野菜畑だったが、1935（昭和10）年ごろから砂利採取場となった。採掘の跡地にできた7つの池は東横池（後に東横水郷）と呼ばれ、釣りの名所として賑わったが、1950年代になると次々と埋め立てられていった。

川崎信用組合中原支店建設現場前で支店長らとともに（左から2人目が栄八）1952年

1962（昭和37）年、川崎市が等々力緑地の整備に着手すると、大山組は陸上競技場、体育館（とどろきアリーナ）、野球場（川崎市等々力球場）、川崎市民ミュージアム、プール、テニスコートなど、あらゆる施設整備に関わった。また、現在の等々力水処理センターの一角は大山組の資材置き場や生コンクリートプラントなどがあった場所で、整備計画の遂行上の必要から土地交換に応じた。そうした経緯もあり、都市型公園に生まれ変わった等々力緑地は、地元の建設業者の間で「大山公園」とも呼ばれた。

複雑な権利関係が絡んだ緑地整備には長い時間がかかったが、大山組は地元の生え抜き企業として常にその整備に係わり、2016（平成28）年4月にリニューアルオープンした等々力第1サッカー場の人工芝化工事も手がけた。

まじめな経営と技術

大山組は創業翌年の1947（昭和22）年に合資会社に、翌1948（昭和23）年2月13日に株式会社に改組し、道路の造成や舗装、上下水道など、地元の土木工事で実績を積んだ。戦後復興期を経て高度経済成長期に入った川崎市では人口が急増し、生活インフラの整備は待ったなしだった。

栄八は仕事に厳しく、現場に釘が1本落ちているだけでも「もったいない」と雷を落としたが、腰が低い丁寧な営業で受注を増やし、会社と社員を育てていった。1952（昭和27）年には川崎信用組合中原支店、1956（昭和31）年には現在も当時の姿を残す京浜急行大師線港町駅の建設を手がけている。また、川崎市中原区に本社を置く化学メーカー・東京応化工業株式会社（東証一部上場）も当時から付き合いのある会社のひとつで、戦後間もない頃から工場内の仕事を請け負うなど信頼関係を築いてきた。そのため、2000（平成12）年8月に竣工した同社の本社ビル（約8000㎡・中原区中丸子）の施工は大山組に特注されている。

社業拡大のために奔走する栄八を支えたのは、長男・廣晃と三男の冬司生《としお》だった。廣晃は1937（昭和12）年11月1日生まれ、冬司生は1943（昭和18）年1月12日生まれで、60年代に相次いで入社した。冬司生の息子で3代目社長を継いだ浩司は、叔父にあたる先代社長の廣晃から当時の苦労話を聞かされている。

「別の建設会社で働いてから入社したが、この業界特有の慣習にはいろいろと難しいものがあった。

神経をすり減らすような毎日だった」

60年代後半になると、学校建設や市営住宅などの仕事が増えていった。どちらかというと土木色が強かった大山組にあって、新規受注が見込まれる建築部門を牽引したのは、栄八の長女の夫・中島久治だった。一級建築士の資格を持つ中島の薫陶を受けた建築技術者のノウハウが、現在に至る建築業の礎となっている。

大山組は現在も良質な社宅を持つことで知られているように、早い時期から社員寮を充実させてきた。

「4階建ての旧本社は大山第1ビルと名付けられ、3階、4階は社員寮兼賃貸住宅として使われていた。同じく新丸子にあった大山第2ビルや第3ビルも同じように貸し出され、子育て世代が多く入居し、スイカ割りなどの行事を賑やかに行っていました。そんな和気あいあいとした社風は今も残っています」

1980（昭和55）年6月、創業者の栄八が会長、廣晃が2代目社長に就任し、冬司生は常務として兄を支える立場となった。〝まじめな経営と技術〟を経営理念に掲げ、リーダーシップのある廣晃と、温厚で人当たりのよい冬司生の二人三脚が始まった。

地域密着の建設会社として確実に地歩を固めた廣晃は業界内での信頼も篤く、社団法人川崎建設業協会会長を6期務め、社団法人神奈川県建設業協会副会長、川崎商工会議所副会頭などを歴任した。

従業員一同で楽しんだ夏祭り（昭和50年代）

まちづくり応援マガジンでアピール

２代目社長・廣晃の子どもは娘ばかりの４姉妹。そのため、１９７１（昭和46）年６月22日に生まれた浩司は、大山家のこの世代における唯一の男子だった。

「祖母からずっと〝浩司が継ぐんだよ〟と言われていたので、どんな形であれ、会社の面倒を見ていくという覚悟はできていました」

将来に備え、責任のある仕事を経験したいと考えた浩司は、大学卒業後に金融機関の奨学生としてアメリカのシアトルに留学、現地企業で実務を経験するプログラムを利用し、データベースの開発会社で働いた。

「かつてのシアトルの象徴はボーイング社でしたが、ちょうどマイクロソフトの勃興期で、シアトルの自慢といえばビル・ゲイツ。勤務先の社長の夢はビル・ゲイツの結婚式に招待されることでした（笑）」

帰国した浩司は外資系コンサルティング会社（現アクセンチュア）に就職し、その後大山組に入社した。10年は自分の元で仕事を覚えさせたいという廣晃の意向で、１９９７（平成９）年、廣晃が60歳になる直前に「会社に戻れ」と命じられたのである。

2代目社長　大山廣晃

27歳で大山組に入社し、現場経験を積んだ浩司は２０００（平成12）年、営業企画室長に就いた。公共工事で利益が出せない状況を打開するために営業力を強化し、新たな収益の柱を育てる必要性を感じていた。

「それまで官公庁の仕事が多かったこともありますが、社内には純粋な営業マンがいませんでした。ちょうど新丸子駅の西口でマンションの建替えが進んでいた時期で、これからは民間のニーズをすくい上げ、自ら仕事を作らなければいけないと考えました」

地域の人にもっと大山組を知ってもらいたい――そう考えた浩司は２００３（平成15）年5月から社の広報紙『まちづくり応援マガジン　元気宣言』の発刊を始めた。新築物件やリフォーム例の紹介や、建設中の地元小学校の工事の進捗状況のリポートなど、地元密着の記事を丁寧に拾い、2ヵ月に1回ペースで発行を続け、11万部をおおよそ半径3キロメートル圏内の新聞に折り込んで配布している。

同年には、「デザインから始める建物づくり」というコンセプトで、新丸子駅前に女性コーディネーターによるリフォームショップ「デザインステーション」もオープンさせた。

「リフォーム需要を見込んでいましたが、このエリアでは女性コーディネーターより、現場監督が自分の目で現場を見て提案書や見積もりを出すシンプルな進め方が合っていた。建築雑誌やカタログをそろえたことで、アンテナショップとして一定の利用者はありましたが、大きな受注増には結び付かないと判断し、２０１４（平成26）年に閉店しました」

１００年企業を目指して

浩司の入社以後、大山組の経営状態は決して好調とはいえなかった。建設市場は１９９０年代前半をピークに縮小に転じ、２０１０年度の建設投資額はピーク時の半分に落ち込んだ。新築需要や新規工事は漸減し、祖業の土木分野から撤退したが、業績は徐々に下がっていった。

浩司は会社のイメージ刷新を図るため、ロゴマークをローマ字表記の「ＯＨＹＡＭＡ」に改め、民間建築需要の掘り起こしに努めたが、人員整理や給与カットは避けられなかった。そんな状況下で、廣晃が75歳になった２０１２（平成24）年11月、３代目として経営を委ねられたのである。

「叔父や父の世代のビジネスは人と相対して丁々発止でやるもの。数字を見て経営する感覚は希薄でしたが、実際の数字を示して意識を変えてもらうことから始めた。まず評価制度を見直し、組織改革を行いました」

社長就任前から少しずつ手を付けてきた改革がようやく実を結び、就任１年目から業績は黒字に転換した。建設業界も東日本大震災の復興需要や民間投資の増加により、上昇基調に乗り始めていた。

そして２０１４（平成26）年、大山組は大きな転機を迎える。２月に社名表記を漢字の〝大山組〟に戻し、企業のイメージを視覚的に伝えるロゴマークを新たに策定、11月には本社を現在地に新築・移転し、新たなスタートを切ったのである。

「２０１４年シーズンから、等々力スタジアムで行われる川崎フロンターレのホームゲームで使用されるタンカと搬送スタッフのビブス

地域交流や学びを支援するコミュニティサロン「丸子テラス」本社屋上（７階）

に大山組の広告を出しました。〝動く〟広告として効果的だと思っています」

そう語る浩司は、経営理念のひとつに「変化に対応し、挑戦を続け、１００年企業に向かって邁進する」ことを掲げ、「大山組十訓」を定めた。

「十訓というといかめしい感じがしますが、笑顔で挨拶する、まずやってみる、仕事はスピード、損益を考える、失敗から学ぶ、他の意見に耳を傾ける、創意工夫の実現、柔軟さを持つ、テクノロジーを活用する、健康第一など、ごく当たり前のことばかり。聞いた人が腑に落ちる内容であることが大切だと思います」

経営理念の第１項は、先代譲りの「まじめな経営と技術」。この飾り気のない一言に、１００年企業を目指す大山組のＤＮＡが宿っている。

大山浩司社長

⑮ 株式会社　大山組

企業プロフィール

商　　号	株式会社　大山組
本　　社	川崎市中原区丸子通1-640-5
代 表 者	大山浩司
資 本 金	5,625万円
創　　業	1946年（昭和21年）
設　　立	1948年（昭和23年）
事業内容	総合建設業
T E L	044-411-3708
F A X	044-433-4595

http://www.ohyamagumi.co.jp/

16

株式会社スタックス

危機を乗り越えた技術力を未来に継承するために

人工衛星レベルの超精密板金加工

株式会社スタックスは0・01ミリから、3・2ミリまでなど薄い金属の精密板金加工を得意とする。

電気機器、医療機器の筐体、機械操作盤のモニター部分の金属パネルなど、電機メーカー、機械メーカーの受注のもとに生産。どちらかというと玄人の世界で求められるモノづくりだ。その精密な加工を実現する技術力からロケット関係、衛星がらみの受注も多い。

溶接による組み立てなどを得意とする新潟の事業所では、機械を操作するための足まわり、架台の製造や、一昨年、ファイバーレーザーを導入。従来のレーザーでは反射でレンズを傷めてしまう、アルミや真鍮のカットができ、加工速度も上がった。加工は複雑で高

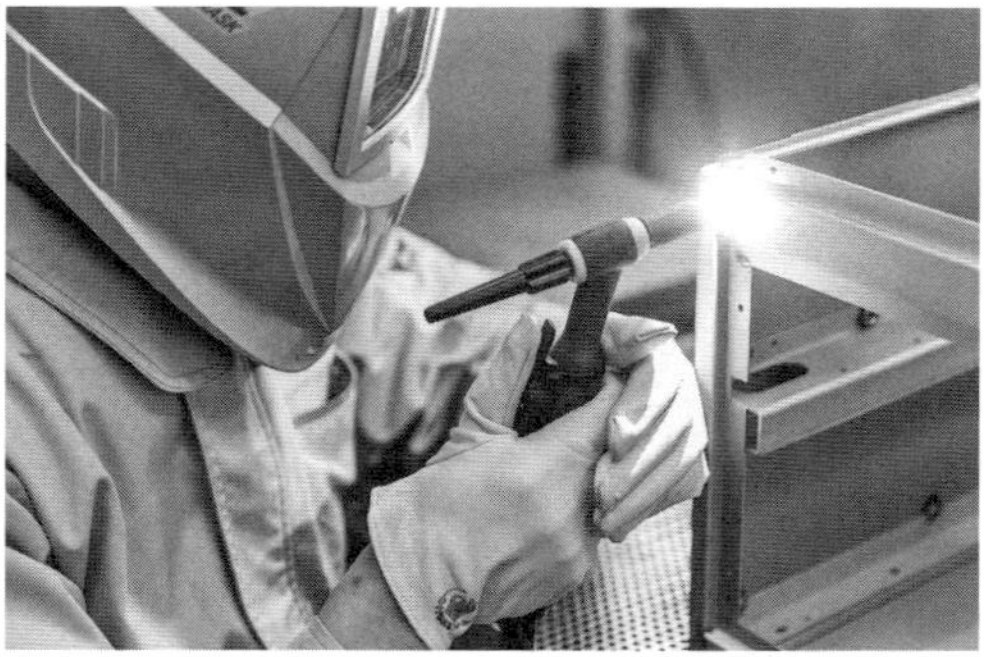

デザイン性の高い筐体の外装に実績があるTIG溶接。精度と美観にスタックスのこだわりを表現

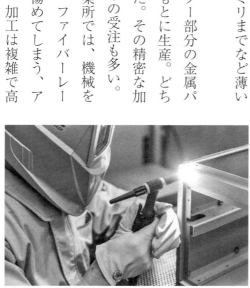

い精度が要求され、注文時のロットも少ない。特殊な技術が必要だ。事業内容の異なる、千葉勝浦と新潟十日町の工場では、設備も雰囲気も全く違う。

湯薬から板金の仕事へ

昭和の初め、現社長星野妃世子の祖父、星野重蔵は現在の場所で風呂に入れる湯薬「エッキス」を製造、銭湯に販売した。その息子、星野重夫は1953（昭和28）年、父を社長、自らを専務にエッキス製薬株式会社として法人化した。その傍ら重夫は、以前日本電気玉川向工場（現在のNEC玉川事業場）に勤めていた当時やっていた板金の仕事も続けた。「日本電気さんのお困りごとを私たちが一手に引き受けます」と古巣の後輩を訪ね、小さな金属部品の製造を受注した。数も少なく、単価も低い。それだけでは仕事にならないが、湯薬の仕事ともに、うまく在庫調整をしながら利益を上げた。

やがて銭湯の斜陽化で、板金部門に仕事の中心が移り、1958（昭和33）年、社名を大星工業株式会社に変えた。板金部門は着実に数字を上げ、事業を広げ、1971（昭和46）年には新潟・十日町で工場を操業。1975（昭和50）年には現在の本社の敷地に新工場を建設。さらにそ

昭和28年頃のエッキス製薬株式会社。写真に写っているのは星野重夫

の工場も手狭になり、1990（平成2）年には千葉・勝浦にその生産設備を移した。翌年、十日町に第二工場を併設。さらに1992（平成4）年社名を株式会社スタックスに改称した。

会社の危機と社長交代

かつて玉川事業場に勤務していた重夫には、NECとの深いつながりがあった。NECがマイクロ波衛星通信に関わる部門を横浜事業場に移すと、仕事量の問題から玉川の仕事を取るか、横浜の仕事を取るか、選択に迫られた。そこで横浜事業場を選択。その部門が福島に移転しても、コストが切り詰められる中、スタックスは受注を続けていた。しかし、ついに2001（平成13）年、社長の重夫をはじめ、役員総出で福島に訪ね、「これ以上のコスト低減はムリ」と伝えると、翌日「ムリをなさらなくていいです」と連絡があった。取引きは終わった。売り上げの半分以上を占めていた得意先がなくなると、75名の社員は支えきれない。

重夫は、その時に専務だった娘、妃世子に社長のバトンを渡した。

3代目社長の最初の仕事は人員削減だった。

「その時は本当につらくて、こんなことは二度と起こしたくないと肝に銘じて、社長業をスタートしました」

妃世子は顧客のところを飛び回って、仕事を学んだ。「当初は仕事そのものは全くわからないので、お客さんに投げられたときにすぐ答えられない。現場の工場長に話を聞きながら対応しました」

逆提案できる力と環境づくり

業界は二極化していて、精密板金は自動化による大量生産に特化するタイプと、少量でも細かく作り込むタイプに分かれる。自動化は資金力が必要で、この会社に相応しくない。先代から受け継いだ「どんな仕事も断らない」精神。利益は二の次で、1点だけでも、特殊なものでも作る。10年前、技術に特化させた方向に舵を切った。難しい仕事にチャレンジした。

精密板金の仕事そのものは減っているが、企業や技術者も減り、仕事はあふれ気味。「やるところがない」と紹介を頼って持ち込まれる特殊な仕事の受注が絶えない。種を蒔いた顧客がどんどん難しい仕事を持って来る。

現在、自動車、通信機器、医療機器など、多様な業界と取引があるが、「少量、極小、極薄…、その中でもニッチな部分、特殊なものを究めたい」と、会社の明日を担う佳史専務は語る。「どの業界でも『ここだけ黙認してくれれば』ということがありますが、うち

筐体設計、加工、表面処理、溶接、組立まで、筐体の製作ではあらゆる分野で実績がある

は100点以外は作らないこだわりがあります。それがお客さまの信頼感につながり、宇宙関係の仕事ももらえます」

「私は常々、『御用聞きになってはいけない』と、言っています。逆提案をして、社内にある型や溶接の技術をお客さまに相談して、われわれが作りやすい形の設計図を引いてもらうことも大切」と社長。技術の細部は現場の人間でなければ、はっきり言い切れない。顧客のニーズと現場の技術が一致した時に初めて、100点以上のものができる。

周囲が「そんなことはできない」と判断しても、現場の最先端にいる社員からは「こうすればできますよ」と答えが返ることもある。「会社ですから、社内ルール上、伝達のルートは決まっていますが、現場が『作れますけれど、お金が掛かります』と言うと話が途中で差し替って、『できない』になってしまうことがあります」。コストは経営者の判断で、それは現場の責任者が決めることではない。技術力も工具もどんどん新しくなる現在、現場と営業の情報の共有と風通しのいい社内環境が求められている。現場の情報が伝わってこそ、逆提案ができる。

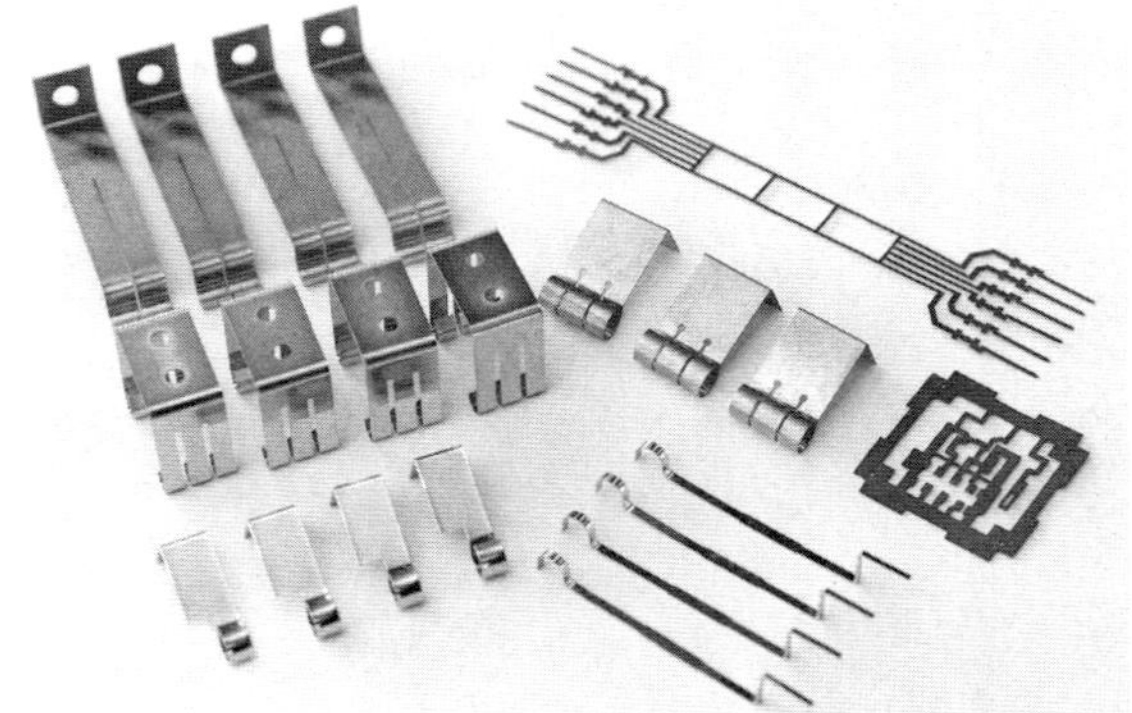

最新のファイバーレーザー加工機の導入で、0.1㎜厚の高反射材のレーザー切断加工も可能

技術力の継承が一番の課題

スタックスの喫緊の課題は、人の力をどう継承するか。

精密板金は、機械8割、人の力2割。機械で全てをこなすことも可能だが、スタックスはその2割に価値をつける。その2割は暗黙知。人から人に受け継ぐ。作業時の手や体の動かし方、力の入れどころ、全く同じ図面でも顧客は精度・スピード・コスト、何を優先するか。図面に「表面をきれいに仕上げる」とあれば、何回磨くか。全て経験と感覚に頼らざるを得ない。

現在、技術者のトップは60代。社員は40代半ばが一番多く、30代はほぼ抜けている。離職率が非常に低い一方、事業形態から、経営の波が大きく、良い時と悪い時のスパンが短い。いざ採用しようとなると景気が悪化し、景気に余裕が出ると忙しくて採用が後回しになる。第2世代から第3世代まで、20歳飛んだ。このままで10年続くと、確実に技術が継承しない。

一方で、職人気質のベテランにすれば、自腹で何千円もする本を買って、夜中に機械を動かして身につけた技術は簡単に教えられない。

一時期、動画で作業の全てを記録し、教育に使うことも考えた。しかし、左手をなぜ添えるか、片手で扱うのはなぜか、理由を理解すると習得にも発展性が生まれる。教育を機械に頼らずに、人に投資することに決めた。ベテランも定年が見えると、技術を自分で終わらせるのは寂しいと思う気持ちが出る。機械メーカーの教育機関に初期教育を任せ、次の段階からベテランに学ぶ。「2、3年前からそういう発言があって、20歳の社員を下につかせました。彼らもやる気があり、ベテランも下をつければ自分に理由をつけて、教え込んでいます」

概略では、60代の技術者は製造担当からはずれ、別会社を組織して指導者として関わる。雇用形態も切り替え、給与体系を変更し、66歳を迎えた時に、ここに残るか、退職するかを選べるシステムを考えている。

計画から5年。高校新卒の採用には、就職担当教諭と顔を合せ、地方の採用イベントに参加するなどの準備が必要で、3年かかって採用がかない、高校新卒、第二新卒の3人が入社した。この会社の明日を担う期待の成長株である。

人材確保の活路に障害者雇用も

さらに、障害者雇用に取り組む。社内には細かい仕事がたくさんある。重要だが急がない仕事もある。同じ作業を集中してやり続けられる特性があれば、1日2時間、週5回、短時間雇用は適している。特性がわかれば、向いている仕事も見える。ボランティアではなく、一緒に働く仲間づくり。元気にあいさつする彼らが、オフィスの沈滞する空気に風穴を空けた。もともとは社会貢献活動だったが、雇用する中で予想以上の手応えがあった。人材確保が難しい今、雇用の幅を広げる選択肢の一つになった。本社に続いて、地方の事業所の展開も考える。

「湯薬から精密板金へと変化したように、社会の変化とともに、また仕事の内容が大きく変わるかもしれないですが、柔軟な対応で、スタックスをずっと存続させたい」と謙虚に語る専務。人工衛星につながる高い技術には、さらに高度な要求が寄せられるのではないか。

左から星野佳史専務、星野妃世子社長

16 株式会社スタックス

企業プロフィール

商　　号：株式会社スタックス
本　　社：川崎市中原区下沼部1750
代 表 者：代表取締役社長　星野妃世子
資 本 金：3,300万円
設　　立：1953年（昭和28年）11月25日
事業内容：惑星探査人工衛星機部品、通信機取付ブラケット／金具／シャーシ、H2ロケット搭載部品、機械加工機機工部品、多孔式放熱板（ヒートシング）、業務用デジタル印刷機工部品、機械操作パネル、露光装置機工部品、大型洗浄機械工部品、などの機工。自動車板金溶接機、自衛隊仕様収納箱、低周波治療機（医療機）、食品検査装置、などの筐体の加工。
事 業 所：スタックス勝浦、スタックス十日町
T E L：044-433-1611㈹
F A X：044-433-2218
http://stax-tqs.co.jp/index.html

17

株式会社 保険企画

ひらめきと信頼と。人間関係の中で成長の土台を築く

大学生が始めた損保代理店

株式会社保険企画の創業者、河合東社長が損害保険の代理店業務に出会ったのは今から50年前。当時、駒沢大学2年の河合青年に、車を購入した高校時代の友人から「おふくろさんに自動車保険のことを聞いてよ」と話があった。河合の母は生命保険の外務員。尋ねると「自動車保険は生命保険ではなく損害保険で、大学生でも取り扱えるらしい」と答えが返って来た。河合は高校時代の山岳部の後輩の伝手をたどり、大正海上火災保険株式会社（現在の三井住友海上火災保険株式会社）の川崎営業所を訪ねた。

当時、損害保険は定年退職者や地元の名士が個人で代理店を登録し、銀行や大手企業は自社や子会社に代理店を置いて自社や得意先との契約を結んだ。川崎営業所を訪ねると、対応した社員がたまたま駒沢大学の先輩だった。当時は学生が代理店になることは容易ではなかったが、先輩と営業所長が支店長に掛け合い、登録にこぎ着けた。その営業所の受付にいた女性が、後に河合の妻となる政子だっ

た。

１９６７（昭和42）年11月に代理店登録。最初の顧客は高校の友人の親と先輩の火災保険だった。河合は大学に籍を置きつつ保険会社の営業社員に同行して、仕事を覚えていった。銀行からの紹介契約に同行すると融資物件以外の契約が取れ、廃業する代理店から引き継いだ契約など、少しずつ契約も増え、次第に仕事にのめり込んだ。そして、保険会社で出会った政子と結婚した。

「結婚して二、三年は大変でした。臨月近くになっても出産費用がたりない。『今月頑張って手数料を稼ぐから、もうちょっと出産を待って』。今になれば、懐かしい時代です」

契約も徐々に増え、法人化

保険会社の営業社員に同行中、電車の車窓の風景を見ていた営業社員から「河合君、あそこに幼稚園協会があるだろう。これからは新種の時代だ、幼稚園に賠償保険が売れたら面白いけどなー」

その言葉に河合はある日、幼稚園協会に飛び込んだ。

それまでは子供が幼稚園でけがをすると「ご迷惑を掛けました」と父母が菓子折りを持参して園に謝りに来る時代だった。しかし、時代は移り、幼稚園協会も賠償責任保険の研究を始めた時期で、取り上げてはもらえたものの保険約款について詳しく説明を求められ、詰まると「また調べてきます」。それを繰り返すうちに、「真面目に調べてくれたので、河合さんの保険を採用することにします」とはいわれたものの契約が取れた訳ではなく、募集の許可を得られただけ。「個々の幼稚園を回ってください」といわれ。その年から新学期になると市内の幼稚園のアポ取りと説明に追われ、4月、5月は幼稚園に掛かりきり。当時は保険料が高く、なかなか契約には結びつかなかったが、市内の園の3割程と契約を結んだ。

創業してから10数年、地道な営業活動の結果、契約が増え、火災シーズンである年末には満期の契約が月に120件を超え、昼食は車中で肉マン3個という日が続いた。この忙しさが一生続くなら、個人ではどうにもならない。「このまま一人でやっていて、高齢になって、病気などで仕事が続けられなくなると、お客さまに迷惑がかかる。社員がいれば、仕事を引き継げる」

そして法人化の道を選んだ。

当初社員は4人。事務員は妻とパートを採用。営業は私と大正海上の研修生制度を独立し、代理店をしていた高校山岳部の後輩に、来てもらった。

ひらめきとチャレンジと

ある時期、「幼稚園に責任がなくても見舞金が下りる保険があるか」という問い合わせが何園かから続いた。ある幼稚園を訪れると、他社の「園児のけがに見舞金を給付する」保険の募集用封筒があった。一つの幼稚園では園児が100人程度なので幼稚園ごとの団体割引では割引額もたかが知れている。

「幼稚園協会全体でまとめたらもっと安い掛け金になるはずだ」。川崎市内の私立幼稚園の園児をまとめた団体契約、幼稚園児総合補償制度「園児24時間保険」をスタートさせた。この保険は現在も続くヒット商品である。

市内の幼稚園と信頼関係ができると、火災保険、自動車保険、賠償保険、個人の生命保険まで契約が広がり、現在も保険企画の売り上げの大きな柱になっている。

もう一つの大きな柱は川崎商工会議所の「労災上乗せ補償」だ。たまたま社員が商工会議所の総務部長の個人の自動車保険の契約に行くことを知った。その当時の商工会議所は生命保険会社の各種共済制度は扱っていたが、損害保険は扱いがなく「商工会議所に損害保険商品を売り込めないか」と考え、尻込みする社員を連れて損害保険商品の取り扱いの可能性について尋ねに行った。何回かの訪問の結果、「会員のためになり結果として会議所の収入が得られるものがあれば提案書を提出してください」となった。

企業向けの保険で、どこの団体でも取り扱いのない「労災上乗せ補償」を、川崎商工会議所を窓口に団体契約の労災上乗せ保険に企画した。企画書提出

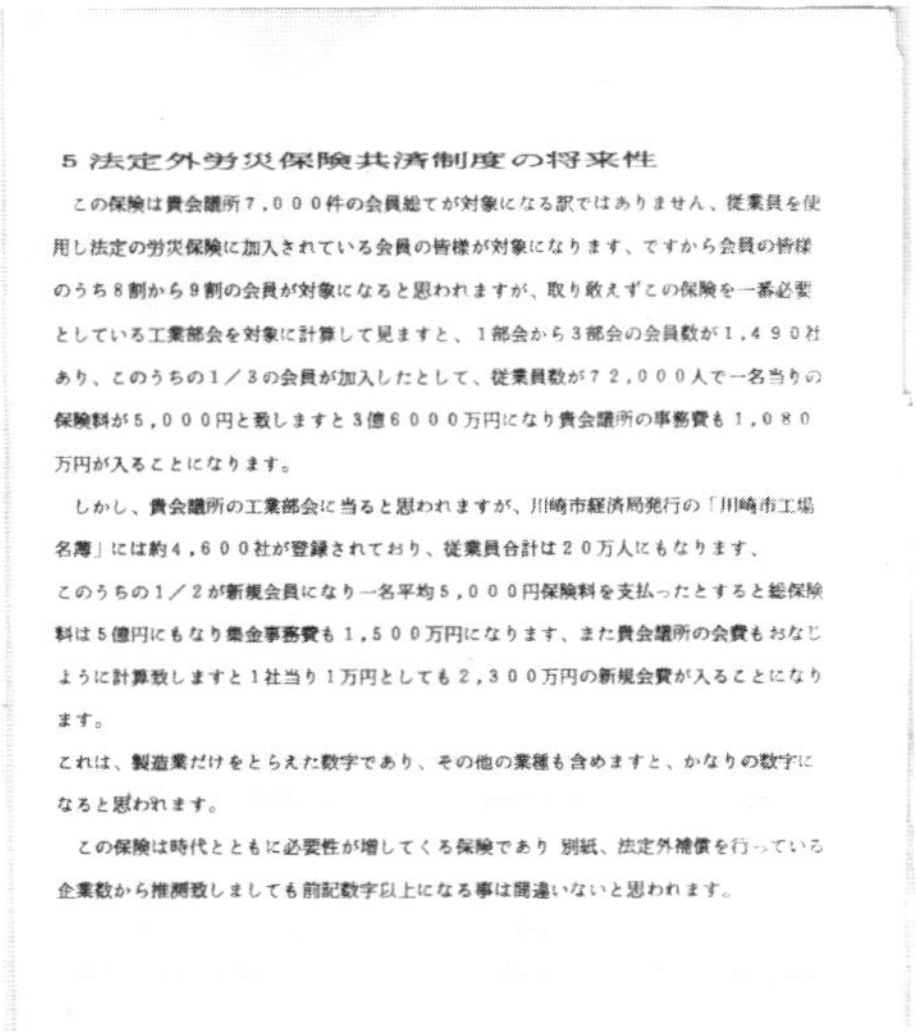

5 法定外労災保険共済制度の将来性

この保険は貴会議所７，０００件の会員総てが対象になる訳ではありません、従業員を使用し法定の労災保険に加入されている会員の皆様が対象になります、ですから会員の皆様のうち８割から９割の会員が対象になると思われますが、取り敢えずこの保険を一番必要としている工業部会を対象に計算して見ますと、１部会から３部会の会員数が１，４９０社あり、このうちの１／３の会員が加入したとして、従業員数が７２，０００人で一名当りの保険料が５，０００円と致しますと３億６０００万円になり貴会議所の事務費も１，０８０万円が入ることになります。

しかし、貴会議所の工業部会に当ると思われますが、川崎市経済局発行の「川崎市工場名簿」には約４，６００社が登録されており、従業員合計は２０万人にもなります、このうちの１／２が新規会員になり一名平均５，０００円保険料を支払ったとすると総保険料は５億円にもなり集金事務費も１，５００万円になります、また貴会議所の会費もおなじように計算致しますと１社当り１万円としても２，３００万円の新規会費が入ることになります。

これは、製造業だけをとらえた数字であり、その他の業種も含めますと、かなりの数字になると思われます。

この保険は時代とともに必要性が増してくる保険であり 別紙、法定外補償を行っている企業数から推測致しましても前記数字以上になる事は間違いないと思われます。

川崎商工会議所に提出した企画書。ワープロの出始めの頃。企画書作成のため60万円を投資した

平成10年1月24日に川崎駅ビルカメリアホールで行われた「創立30周年を祝う会」であいさつする河合社長と当時の社員

昭和59年、代理店会の親睦ソフトボール大会。1塁ランナーが河合社長。当時は代理店会の会長を務めていた

後、担当役員に何回も説明に呼ばれ、保険会社の本店から応援に来た業務担当社員と一緒に説明。1年以上かかってやっと企画が実った。

「今でこそ労働者のための労働法制が整備され国の労災の上乗せ補償の重要性が理解され、さらに使用者賠償保険と合わせ3段階の補償ができるようになり、説明すれば皆さんに納得いただけます。当時は、どの企業も従業員のためだけと考えられていましたが、今は万一の時の企業防衛としても大きな役割があることを理解されています」

全国の営業課支社や代理店から問い合わせや資料請求が相次ぎ、各地で同様の保険も発売された。

プロのプランニングに必要なこと

平成8年の保険制度改革で損害保険会社と生命保険会社の相互参入が可能になり、多くの損害保険会社が系列の生命保険会社を立ち上げた。しかし、保険企画では顧客から生命保険の扱いを求める声が強く、昭和の終わり頃から明治生命の生命保険を扱い始めた。生命保険を扱うにあたり、2か月に1回、明治生命の代理店資格を持っている京都の保険代理店に研修に行った。「お客さまからのお話もあり、生保の取扱いは必要でした。損害保険には完璧に加入していただいても、生命保険とうまく組み合わされていなければ、お客様にとって本当の意味での価値ある保険のプランニングとはいえません。そこで生命保険と損害保険を取り扱う必要があったのです」と政子夫人。

三井海上火災の代理店研修所の開所式に招待された河合社長夫妻。仕事の上でもよきパートナー

「今は保険の相談窓口が増えましたが、保険診断でお客さまの証券を全部拝見すると、数社の外務員の勧めるまま加入した結果、入院補償が1日5万円になっていたり、必要とする保障が不足していたものを、がんなどの先進医療保障や抗がん剤治療に対応できる補償を付加したりしながらバランスよく整理し、保障の理想をお客様と一緒に

追求する。それをやってきたのが、保険企画です」。プロフェッショナルな視点での保険の総合プロデュースは当時、まだ、珍しかった。

今までは、保険の営業の基本は対面販売だった。人と人が出会い信頼関係を築いて、保険を売ってきたが、今は、顧客がインターネットで保険を調べ、安い保険料を見つけてネット上で契約する。そこには契約以上の信頼関係は得られない。保険企画でも、海外旅行保険、自転車向け保険、ゴルファー保険、バイク自賠責はインターネットでの契約を取り扱っている。売上げも3割に達する。「インターネットでは1日に何百件と申し込みがありますが、申し込んだ保険の内容をどこまで理解されているのかは少し心配です。でも、時代がこうですから、やらないわけにいきません」

人間関係を大切にできる会社に

市場は寡占化が進み、保険会社は小規模代理店を集約し、効率化を図り、経費削減のため営業社員を減らす。さらにコストを下げるため、ダイレクト募集会社を作る。

「厳しくなりましたけれど、それでうちの売上げが左右されることはありません。いい意味で大きな団体契約と優良企業に支えられています。あとは営業マンの努力です。マニュアル化とかいろいろいわれますが、最後は営業マンの勘ですかね。お客さまを理解して、お客さまの状況をいかに把握するか。昔はお客さまと話していて、たくさんヒントがありました。最近はその勘が働かなくなったので、もう交代です」

創業者河合東社長から、２代目河合哲伸専務にバトンが渡される日も遠くない。

「気軽に相談に来られるお客さんを増やしていきたいです。きっかけはインターネットでもいいのですが、人間関係の中で伸びていく、人と人との関係を大切にしてお客さまから頼られる会社でありたいと思います」

河合哲伸現社長（左）と
創業者河合東現会長夫妻

⑰ 株式会社 保険企画

企業プロフィール

商　　号：株式会社 保険企画
本　　社：川崎市中原区北谷町47- 1
代 表 者：代表取締役　河合　東
資 本 金：2,000万円
設　　立：1967年（昭和42年）11月
T E L：044-555-6211
F A X：044-555-6777
事業内容：
［法人向けの保険］国内・海外の損害賠償、建物・什器・備品の損失、従業員や役員のケガ、社有車の事故等を補償する損害保険や退職金対策、遺族保障対策、事業保障対策等のための生命保険など
［個人向けの保険］死亡保険、病気・ケガ保険、火災・地震保険、介護保険、年金保険、自動車保険、賠償責任保険、国内・海外旅行保険など
http://www.hokenkikaku.co.jp

18

佐々木工機株式会社

高い技術力に裏打ちされたものづくり魂

ものづくりの面白さが原点

多摩川の両岸には今も同じ地名が残るのは、度重なる氾濫で多摩川の流路が度々変わったためで、東京都世田谷区の上野毛・野毛と川崎市高津区の下野毛は、古くは「野毛」というひとつの地域だったとされる。

川崎市の下野毛に大手企業の倉庫や工場、町工場や民家が混在するのは１９６８（昭和43）年に定められた都市計画法で、多用途の建物が建てられる「準工業地域」に指定された歴史があるからだ。部品加工から機械装置まで顧客の幅広いニーズに応える佐々木工機株式会社は、そんな下野毛の街とともに歩んできた。

創業者の佐々木政直は１９３３（昭和８）年1月20日生まれ。秋田県内の工業高校を卒業すると、年の離れた従兄弟の佐々木孝治・四郎兄弟を頼って上京した。消防士になるという夢を抱いていた。「子どもの頃、出動のサイレンとともに消防士たちがすばやく『滑り棒』を使って階下に下り、現場に向かって駆け出していく姿に憧れていました」

従兄弟のうち、弟の四郎は世田谷区下馬で佐々木精機製作所という町工場を持ち、様々な部品加工を手がけていた。その仕事を手伝い始めた政直は、たちまちものづくりの面白さに魅せられていった。物覚えが早く、手先が器用で工夫が大好きだった政直は、同僚より短時間でより多くの部品をつくれるようになり、交渉して出来高制にしてもらった。そうして資金を貯めた政直は１９５９（昭和34）年、26歳の若さで、佐々木工機の前身となる佐々木製作所を立ち上げた。民家の軒先に屋根を張り出した、わずか2畳ほどの作業場、中古のベルト式旋盤1台からのスタートだった。

最初の仕事は、M社からのものだった。当時の本社は世田谷区にあり、米軍から払い下げられた建設機器の修理や改造から始め、昭和30年代からは日本の建設機器メーカーの指定サービス工場となっていた。

創業者・佐々木政直

政直はM社により近い、同じ世田谷区内の世田谷に「佐々木工機」の名で工場を構え、毎晩遅くまで働いた。昭和30年代は高速交通網、コンビナート、発電所、大規模干拓や土地改良事業が相次いだ空前の建設ブームで、仕事はいくらでもあった。昭和30年代の後半になると大都市圏でビル建設需要が高まった。そして東京オリンピックが翌年に迫った１９６３（昭和38）年9月18日、後に2代目を継ぐ政仁が誕生した。

横のつながりで完成品を納入

政直の世田谷の工場は世田谷通りに近い市街地にあった。周辺の宅地化が進む中、政直は準工業地域に指定された川崎の下野毛への移転を決断、１９７１（昭和46）年、現在地に工場兼住居となる３階建てのビルを建てた。小学校２年生の２学期から川崎市に転校した政仁は、当時のことをこう語っている。

「周りは砂利道と畑ばかり。その中で３階建てはかなり目立っていました」

下野毛には世田谷区や大田区など宅地化が進む地域から、多くのものづくり企業が次々と集まってきた。得意分野は様々だったが、多くは政直と同じように地方から上京し、腕を磨いて独立した30～40歳代の働き盛り。これまでの仕事を通じて知り合った仲間も多かった。政直はそうした下野毛の特長を活かすため、材料購入から旋盤加工やフライス加工、焼き入れ、研磨、メッキ、塗装などを各社が分業し、完成部品として納品する体制づくりに奔走した。

「下請けは加工工程の一部を任されるだけで、時には支給された材料の一部に手を加えるだけの仕事も多い。でも、下野毛のような技術の集積があれば、完成品を納入することができる。顧客にとってもその方が好ましいと思いました」

こうした横のつながりが１９７４（昭和49）年の「下野毛工業会」を生ん

1970年代にはまだ珍しかった３階建ての住居兼工場

だ。政直が発起人のひとりに名を連ねたこの会は1991（平成3）年に製造業を中心とした製造業異業種組合「下野毛工業協同組合」に改組された。政直は理事長を6年間務めた。

一方、個人事業主として工場を切り盛りしてきた政直は1985（昭和60）年、佐々木工機株式会社を設立、徐々に機械や従業員を増やしていった。当時、法政大学第二高等学校から法政大学に進んだ政仁は4年生になっていたが、アルバイトに明け暮れていた。自費で長期渡米を実現するためだった。

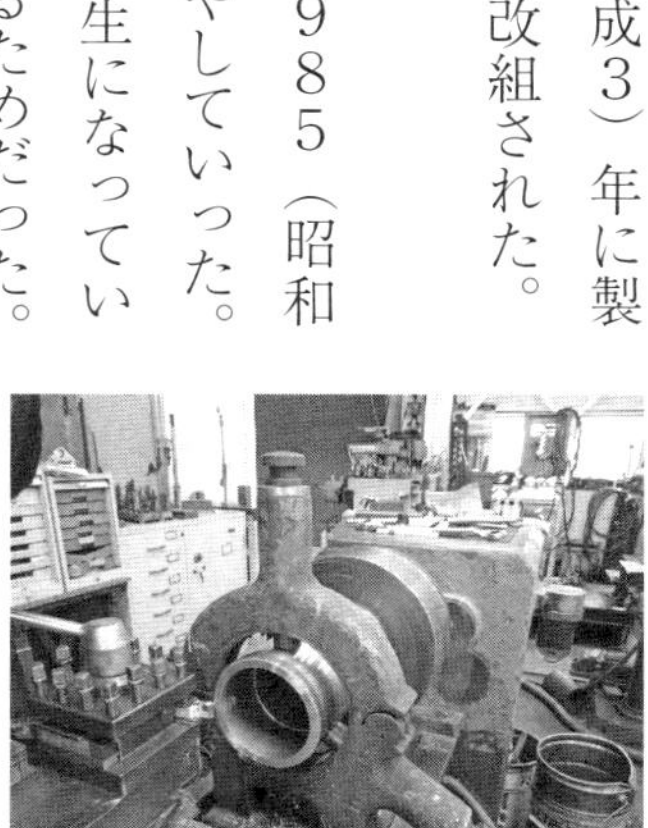
会社の成長を支えた汎用旋盤加工機

政仁は中学生の頃から英語と洋楽に興味を持ち、バンド活動に熱中した。高校卒業後の進路を選ぶとき、工学部進学を望む両親の気持ちはよくわかっていたが、担任の先生の後押しを受け、希望通り法政大学の文学部英文科に進んだ。そして大学3年生の時に1か月、カリフォルニア州ミッションビエホでホームステイを体験したのである。

「ホームステイ先の末っ子が音楽好きで、家にレコーディング・スタジオがあるほど。彼らのアマチュア離れしたテクニックや層の厚さに打ちのめされ、音楽に対する自信を失いましたが、アメリカに対する興味はかえって深まりました。1か月では楽しいだけで何もわかりませんでした」

帰国した政仁は就職活動には目もくれず、アルバイトで1年半で240万円を貯めた。そして同級生が社会に巣立つ1986（昭和61）年4月、羽田空港からサンフランシスコに向かって飛び立った。

「手持ち資金がなくなったら帰国するつもりで、1年ほどいました。渡米先のコミュニティ・カレッジ College of San Mateo（カレッジ・オブ・サン・マテオ）ではマシン・ツール・テクノロジーを専攻したこともあり、父はもう少しいてもいいと言ってくれましたが、自由で肩肘張らない楽な生活に慣れ過ぎてはいけない。これ以上アメリカナイズされると、日本では使い物にならないという感覚が生まれた。それに自分の資金の範囲でやりたかったので、帰国を決意しました」

ものづくりのデジタル化の波に乗る

帰国した政仁を待っていたのは深刻な円高不況。これまで経験したことがないほど仕事は減っていたが、間もなく父子はマシニングセンタとＮＣ旋盤の導入という大きな決断をする。ものづくりの加工現場では、汎用工作機を手動で操作する時代から、製造プロセスがデジタル化される過渡期を迎えていた。

「いつかは後を継ぐだろうという気持で、見えないプレッシャーのようなものを感じていました。決断を先送りにしていたのかもしれませんが、これだけの機械を買うからには生半可な気持ちではできないと腹をくくりました」

政仁はすぐに新しい機械のトレーニングに熱中した。間もなく創業時からの顧客であるＭ社の仕事が増え、大型の設備投資は「吉」と出た。デジタル化で精度や生産性が格段に上がり、売上げも伸びた。時代はバブル経済に沸き、その踊り場を過ぎた頃には借金の出口も見えてきた。その代わり、仕事は連

1987年に導入したマシニングセンタ

日深夜に及び、3階の住居と1階の工場を往復するだけの生活で、休日返上で働き続けたこともあった。

仕事を覚えた政仁は専務になると、従来の顧客の対応を父に任せ、新規顧客の開拓に力を注いだ。パソコン通信が普及し始め、見ず知らずの人や企業が接触するチャンスが拡大していた時期である。

「その頃、川崎商工会議所の若手後継者研修会に何度か参加し、下野毛や等々力の同世代の人たちと話す機会が増えました。親同士、社長同士は知り合いでも2世には交流がなかったんです。最初は飲み会でしたが、せっかくだから一緒にものづくりをしようということになりました」

それが1996（平成8）年12月に誕生した「ものづくり共和国」である。ホームページを立ち上げると全国からアクセスがあり、大手メディアにも取り上げられた。いずれはそれぞれの企業のトップとして経営を担う2世たちが、自社経営のほかに各社の得意技術を持ち寄り、新しいビジネスを生み出そうとする姿勢が注目を集めたのである。

結成時の2世の多くが今は社長となったが、現在も日本各地の2世グループとの交流を重ね、ものづくりの感性に磨きをかけている。

技術の優位性を自社製品でアピール

2007（平成19）年、政仁は代表取締役社長に就任した。創業者の父は元々息子の方針に口出しをしなかった。その息子が目指したものは、部品の範囲から脱した最終製品、自社製品の開発である。

神奈川県優良小規模企業者表彰を受ける

川崎ものづくりブランド認定式

社長を継いですぐ、リーマンショックで業績が落ち込んだことも危機感を募らせる一因となった。その後、研究開発に力を入れ、大小問わず企業や大学の研究開発や自社製品の開発に携わるようになった。

　政仁の思いはまず、福祉の分野に着目したレクリエーション機器「コロコロくん」「万脳ボード」というユニークな形で実現した。手で押したり足で踏んだりすると傾く円形のボードにボールを乗せ、複数人でボードを囲んで多様なゲームを行う器具で、楽しみながら筋肉や脳の活性化を促し、認知症予防の効果などが期待できる。

　２０１２（平成24）年に販売を開始した非接触厚さ測定装置「ＯＺＵＭＡ22」は、半導体用ウエハーや液晶用ガラス、金属などの厚さを高精度（分解能０・１μｍ）ですばやく、簡単な操作で測定できると高く評価されている。さらに株式会社ミツトヨ（川崎市高津区）の特許ライセンスを受けて開発した「真空吸着ツールスタンド」は従来のマグネットスタンドが使えない石定盤やセラミック定盤にも強力吸着する。

　「コロコロくん」と「真空吸着ツールスタンド」は川崎ものづくりブランドに認定され、２０１６（平成28）年には神奈川県優良小規模企業者表彰を受けた。一見して順風満帆に見えなくもないが、成果といえるのは氷山の一角にすぎない。

「依頼された開発がうまくいっても、量産体制に進むと当社の手を離れ当社には何のメリットもなくなるというケースが多い。最近の開発現場は機密保持契約が特に厳重になり、中小企業が持つ本当の力が外部から見えにくくなっている。技術力が評価されることは素直に嬉しいが、経営者としては複雑な思いもある。制約が多い中でも、培ってきた技術は裏切らない。数年にひとつでいいから、いろんな人たちの力を借りて自社製品をつくっていきたい」

平成30年正月、政仁のものづくりを見守ってきた父・政直が亡くなった。「自分の時代はあと20年」と考えている政仁は、子どもたちの進路に口をはさむつもりはないが、父から引き継いだ「会社」という「器」を活用してもらいたいという気持ちとともに、ものづくりの今と未来を見据えている。

佐々木政仁社長

⑱ 佐々木工機株式会社

企業プロフィール

商　　号：佐々木工機株式会社
本　　社：川崎市高津区下野毛1-9-33
代 表 者：代表取締役　佐々木政仁
資 本 金：1,000万円
創　　業：1959年（昭和34年）
設　　立：1985年（昭和60年）
事業内容：自動化、省力化機械装置の製造・部品加工
T E L：044-844-0338
F A X：044-822-0922
http://www.sasaki-koki.co.jp/

お客さまと市民の喜びを通した川崎の街づくりを

公共工事とのつながり

露木建設の創業者露木直は戦時中、清水建設の下請けの石井組で仕事をしていた叔父を頼って、静岡県函南町から妻タマエと長男の直義を連れて川崎に出てきた。

当時、清水建設は水江町で日立造船の工場建設を請負っていた。直は石井組の一員として働きながら建設作業を学んだ。壁にふし穴だらけのバラック社宅で暮らしていたが、１９４８（昭和23）年、立ち退かなければならなくなった。立退料を原資に川崎市桜本２丁目38（現在の川崎区桜本）に転居し、露木工務店の看板を揚げ、個人として建築工事を請け負うようになった。家族も長女次男が誕生した。

創業者　露木 直

そして、64年前の１９５４（昭和29）年暮れの押しせまった12月、会社組織として、株式会社露木工務店が呱々の声を上げた。

桜本の自宅兼本社には道一本隔てて、日本鋼管の社宅があった。そこに住んでいた知人が「露木君、土木工事をやっているのなら、今、役所の仕事が大変だから協力できないか」と言ってくれ、土木や建築担当者に引き合わせてくれた。

こうしたことで役所の工事の受注につながり、仕事はどんどん増え、社員も雇い入れた。

砂利、砕石事業で拡大

昭和30年代に入り、直がコンクリート工事に必要な砂利を購入した際、砂利業者から借金の申し入れがあり、当時で500万円を貸した。しかし、返済ができないとのことで、砂利業者が直に採掘権を譲渡することになった。

1959（昭和34）年から、厚木市及び津久井郡城山町（現在の相模原市緑区城山町）での砂利、砂、砕石の採取・生産販売を開始。事業内容の変化に伴い、翌1960（昭和35）年には社名を露木建設株式会社に変えた。当時は「ちゃんがら」という網の付いた小さな木箱ですくって、砂利、砂に分別した。

高度成長時代にはオリンピックの開催もあって建築ラッシュで建物にもコンクリートが多用され、道路の路盤材としての使用も重なり、これを機に生コン工場へ砂利・砂を納入した。

創業者は建設工事よりも砂利販売に力を入れるようになった。

本社を桜本から野川へ

創業以来、本社は桜本にあった。この頃の仕事は今の川崎区内が中心だったので、市役所に近かったことは便利だったが、事業の拡大に伴い当然手狭になった。

1967(昭和42)年、当時は高津区だった野川に本社を移転。東急田園都市線を通す予定で、東急電鉄が持っていた野川の土地だが、路線変更で不要となり、それを露木建設が購入した。周囲は、田んぼと畑ばかりだったが、地質もよく、環境もよかった。

この時期は川崎も大きく変化し、オリンピックの効果は去ったものの、1966(昭和41)年に東急田園都市線が長津田まで開通。それにより、市の西部も人口が増え市街地が広がった。さらに、1972(昭和47)年には政令指定都市(5区が誕生)となり、学校や行政施設の建築が進んだ。川崎市の場合、競馬、競輪事業による収益で、比較的財政が豊かだったことも背中を押した。露木建設の事業拡大には、こうした変わりゆく川崎の力が大きかった。

本社移転後も、行政や公共性の高い施設の建設現場が多く、さらに分区によって行政施設も増え、民間工事まで手が回らない程で

昭和42年に移転した宮前区野川の現本社。
当時は高津区だった

あった。昭和40年代は、まさに新しい川崎の都市インフラの基礎が固まった時代といえる。

「父が朝早くから夜遅くまで働く姿を見て、手伝えるなら手伝おうか」と、現社長の直義が大学を卒業し、23歳で入社したのもこの頃だ。

昭和50年代になると世の中の景気は沈静化し、川崎の公共施設の建設も落ち着いた。露木建設も民間に向けて建設事業に力を入れるようになってきた。

「行政関係に特化すると、どうしても工事する数が限られます。時代の流れにあった経営をしていたかどうかには疑問が残りますが、公共工事と民間工事のバランスをとってきたからこそ、今があるといえるでしょう」

35歳の若さで2代目社長を引き継いだ直義は当時を振り返る。急な経営者の交代で、業界はびっくりした。

「今、考えてみると、先代が川崎に来て、桜本に来て、野川へ来た。この変遷の歴史が全てです。みんな父の先見の明です」

事業継続の難しさの中で

1981（昭和56）年には一級建築士事務所を開設する一方、1991（平成3）年に砂利採取業・砕石採取業部門を露木建設工業株式会社として分社化して、露木建設株式会社は建設事業に特化させた。また、２０００（平成12）年にはＩＳＯ９００１の認証を取得。２００６、２００７（平成18、19）年度には2年連続して川崎市より建築部門優良建設業者として表彰を受けた。また２０１０（平成22）年には地域の安全衛生水準の向上発展に貢献したとして、厚生労働大臣より社長に表彰が贈られた。

事業も川崎市内だけではなく、東京での仕事が増えた。ＲＣ（鉄筋コンクリート）造りの住宅建設で世田谷区などに建築費1億円から3億円程度の豪邸や資産運用型賃貸併用住宅を多く手掛けた。

直義は２０１０（平成22）年から社団法人川崎建設業協会の会長に就任し、文字通り川崎建設業界のリーダー的な存在になった。「川崎建設業協会は全盛期には会員が２２０社でしたが、現在１０２社と、激減しました。そこには中小企業の経営の難しさがあります」

公共工事はほとんど入札。業者が減ったからといって受注の機会が増えることはない。

入札制度ではどうしても、予算が削られる。「われわれにしてみれば仕事が欲しい。利益が多少薄くても、やらざるを得ません」

学校、市営住宅、各区の庁舎など、公共工事はほぼ落ち着いた現状にある。中小の建設業者にとって、維持管理がこれからの事業の主体になるが、維持管理といっても、どうしても元請け業者が建て主とコンタクトがとりやすい。そこにどうアタックするか、課題は多い。

技術者の激減で、現場要員の確保も難しい。建設業が敬遠され、建築を学んだ人材が建築会社に勤めない。工業高校の建築科や土木科が廃止される傾向も見られる。地方に行けばますます顕著で、きつい、きたない、きけん、いわゆる３Ｋは敬遠される。大手はあわてて、リタイアした技術者を再雇用しているが、中小はそれも難しい。

働き方改革が問題になっている今、土日の現場作業や、技術者の賃金の問題もそれに輪をかける。経営の承継も同様。「大企業なら、次から次へ社長を引き継げばいいですが、中小の場合、株の問題などもあり、そういう苦労は遠慮したいと、辞めてしまう例も多い。中小企業が将来どのように生き延びるか、難しさはそこにあるんでしょうね」

多くの中小建設会社は後継者問題で悩んでいる。特にオーナー会社の事業承継は深刻である。露木建設は現社長直義の弟直巳が２０１２（平成24）年９月から専務取締役として社業を支えるようになった。直巳は大学院で建築学を専攻し、梓設計に入社。公共工事の設計監理を担当した。その後、アメリカ東海岸に渡り、大学院、設計事務所で修行し帰国。竹中工務店設計部、さらに丹下健三設計事務所の取締役などを歴任してきた。

直義は日本とアメリカ両国の建築士資格を持つ直巳に会社のオペレーションを任せている。事業承継のレールは固まっているといえる。

昭和46年に完成した生田緑地内にある青少年科学館自然学習棟
（設計監理：環境デザイン研究所）

顧客の満足と新しいアイデア

「40、50年前はある程度利益が出ました。土地をコツコツ買って、資材置き場にして…そういう経営でした。当社の本社前のマンションは会社の所有物件です。他にも先代が建てたマンションもありますが、時代の関係でこれ以上増やすのは容易ではなく、現状維持です」。経営者として社員やその家族を苦労させないようにすることを考えるしかない。その責任が経営陣の肩にかかる。

「どんな業種でも同じですが、時代の変化の中で、何かのアイデアを出していかないと、経営は難しい。50年間やってきたから、次の50年が大丈夫ではありません。着眼点を変えていかないと」

新しい事業として関連会社の露木商事がセルクリートの神奈川県の独占代理店となった。セルクリートとは、地中に30、40年間埋設された古い管を撤去するには掘り返すわけだが、それをせず埋設された状況のまま管に詰め物をして、上から重量がかかっても道路が陥没しないようにする工法。既に神奈川県、横浜市、川崎市、相模原市などで採用されている。現在、県下唯一の代理店としてその普及に力を入れている。何かを考えているとそういうものにぶつかる。5年前、セルクリートに出合った。

「建設業は面白いんです。人間生活に欠かせない衣食住。『住』がないと人は生きていけません。いろいろなお客さまがいらっしゃいますが、私たちは最終的にお客さまに満足していただけるものを作らないと意味がありません。ただ、利益が上がればいい、というものではない。喜んでいただき、その代償を受け取る。そういう気持ちでないと、いい建物はできません」

ＲＣ造りの巧みな技術と公共施設などで磨いたデザイン性の高い設計で川崎や世田谷等の街並みを洗練させてくれる会社に期待は大きい。プランニングや資産運用のコンサルティングなど、ソフトウェア面のサービスも万全だ。

露木直義社長（右）と露木直巳専務

⑲ 露木建設株式会社

企業プロフィール

商　　号：露木建設株式会社
本　　社：川崎市宮前区野川3025-3
代 表 者：代表取締役　露木直義
資 本 金：5,000万円
設　　立：1954年（昭和29年）12月27日
事業内容：建築工事設計施工、舗装工事設計施工、一般土木工事設計施工、不動産の管理、仲介
関連会社：株式会社露木商事
Ｔ Ｅ Ｌ：044-766-6561㈹
Ｆ Ａ Ｘ：044-788-7622
https://www.tsuyuki-kensetsu.co.jp/

20

株式会社ホンダクリオ共立
（Honda Cars川崎）

人との出会いを信頼につなげるセールスマンの魂

セールスの極意は一人でも多くの人と会うこと

石﨑護会長が株式会社ホンダクリオ共立（Honda Cars川崎）の前身となる株式会社共立ホンダ販売を設立したのは1966（昭和41）年9月27日。東京オリンピックの2年後で、東京は道路の整備も進み、モータリゼーションが本格的に歩み出していた。当時、石﨑は27歳だった。

1959（昭和34）年。栃木県大田原市から上京した20歳の青年は同じ栃木出身の社長の縁で東京都港区の本田技研工業株式会社代理店であるセイコウ自動車に就職した。口下手でオートバイ好きな青年は当初、整備担当を希望していたが、希望は適わず、営業に命じられた。「これが結果的によかった。修理をしていたら、今日はありません」。石﨑は当時を回想する。

「『明日から売って来い』。自信もなく、教育もなく、困り果てて机に座っていると先輩に『机に座っていても売れないぞ』と言われ、出かけましたが、恥をかくので、会社の近所は避けていました」。移動は都電。全線乗車できる定期が会社から支給された。営業エリアも決まっておらず、練馬から亀戸、亀有、錦糸町。あてもなく飛び込み営業を繰り返した。

初めて売れたのは、田町駅から歩いた恵比寿通りの茶舗。スーパーカブ1台を月賦で販売した。もちろん飛び込み。「うれしくて、そこには何回も顔を出すようになり、そのうち近所の寿司屋と中華料理店も買ってくださいました」

雨の日など、同僚は喫茶店で時間をつぶしていたが、石﨑は1件でも多く営業に歩いた。大卒の同僚は成約するとタクシーで会社に戻ったが、石﨑はもう1軒、客先に立ち寄る勢いがあった。モチベーションも高く、商談もうまくいく。さらなる成約へと結び付いていった。

250ccのホンダドリーム1台を販売すると3000円、50ccのスーパーカブなら1500円の奨励金が出た。毎月10台以上売り、貯金もたまりだした頃、結婚とほぼ時を同じくして、建売住宅を購入しようと物件も見て回ったが、独立のチャンス到来。住宅資金を資本金にあて、港区芝に共立ホンダ販売株式会社を設立した。

自動車先進国アメリカで学んだもの

翌年、1967（昭和42）年春。ホンダが本格的軽自動車N360を発売。オートバイの技術を生かした高性能エンジンと軽自動車の手軽さで売れに売れ、1日に18台納めたこともあった。ホンダからも営業担当者がその状況を確認に来たほど。

東京時代の本社の前にはN360が並ぶ。１日18台納車の快挙

アメリカに単身視察する石﨑護当時社長（中央）。
見送りにきたホンダの関係者

流れに乗って拡大を試みる石﨑は、ホンダの川島喜八郎常務に、「新規店舗を出したいと思うが、投資しても大丈夫か。あとの車の開発が続くかどうか」尋ねた。１９５９（昭和34）年、アメリカ・ホンダ・モーター支配人としてホンダで初めてアメリカ市場を開拓した川島氏（通称アメカワさん）はこう答えた。「アメリカの自動車市場は日本より10年進んでいるから、勉強をして来たらどうか」

ホンダの紹介を伝手に、単身でアメリカに渡り、ロサンゼルスで3日間、サンフランシスコで1泊、自動車の街デトロイトではフォードの工場も見学。ワシントン、ニューヨークにも精力的に足を伸ばしての18日間。毎日のようにディーラーを見て回った。

アメリカで学んだのは、ディーラーは住宅街の幹線道路沿いにあること。そして、カウンターセールスが主流だったことだ。「都心のビジネス街の店では限界がある」。石﨑は休日になると妻と小さな子どもを連れて、新しい拠点のための土地を探した。そして、横浜上麻生線沿いの新横浜駅近くに約65坪の土地を手に入れた。周囲からは「知らない場所に店を出して、やっていけるのか」と言われたが、どこに店を作ってもお客さまは開拓して作るものと考える石﨑は、全く心配していなかった。

赤字転落の危機をどう乗り越えたか

石﨑の頭には常に「開拓」の二文字しかない。横浜に進出し、中古車センターを作ると業績も順調に推移した。さらに、1976（昭和51）年、東京と横浜の間に拠点を作ろうと、現在の本社よりも東に160坪の候補地を見つけた。折からのオイルショックで銀行融資も下りない中、ホンダの保証で融資が受けられ、川崎営業所を開設した。

川崎営業所のオープン当初は毎朝6時から、チラシをポスティングし、その効果があって11月にオープンした後、12月には17台を納めた。アコードのハッチバックやシビックCVCCの人気が追い風となり、さらに周辺の人口も徐々に増え、市場として成長した。

4拠点が順調に推移していると、プレリュードの発売と同時に新しい販売チャンネル、ベルノ店を立ち上げることになり、パートナーを見つけ資本金を補い、共立ホンダ販売から専務と社員を送り込みスタッフを揃え、1978（昭和53）年、株式会社ホンダベルノ神奈川東を開業した。しかし、第二次石油危機と相まってスペシャリティカー専門の販売チャンネルは重荷となり、１９８１（昭和56）年には赤字転落。石﨑は眠れない日々が続いた。

「ただ一つ、私は売ることには絶対の自信があった」。セールスマンだからもう一度自分で一生懸命売るしかないと思い、その結果、３か月目から徐々に黒字になった。

そのような中でも、「私がこんなに一生懸命働いているのに、社員はどうして分かってくれないのかと思い悩む日々でした。しかし、よくよく考えたら、自分に問題がありました。社長の私が店長の仕事をしていたのです」

そこで、全社員に指針となる営業方針を作った。

「全員が創業時代に戻り基本活動の一歩一歩の積み上げでやろう」「全員で売り全員でフォローする全社セールスシステムでやろう」「販売は販売目標への挑戦力と行動力でやろう」「待ちのセールスから積極的に売って出るセールスでやろう」「全ての行動は成りゆきからではなく計画とアイデアでやろう」。営業方針の浸透で、グンと経営も良好になった。

安定した成長を続ける理由

さらに拠点展開を図る。人口30万人と謳われていた港北ニュータウンに加え、中原、鶴見に店舗を展開。本社と共有する川崎の店舗も手狭となり、売りに出されていた尻手黒川線沿いのガソリンスタンドとその後背地を確保した。販売会社は複数の都道府県をまたがないというホンダ側の政策で、東京の店舗を閉じたものの、2000（平成12）年に過去最高の増収増益を上げ、業績は順調に推移している。ホンダ車の販売店として、1999（平成11）年の計画達成率全国1位から毎年連続して上位表彰を受けている。

また、1997（平成9）年にはアウトドアブームを反映して、ステップワゴンのポップアップルーフ・キャンピングカーを自社開発し、全国に販売。その後もカスタマイズカーを企画販売するなど、ディーラーとしては数少ない魅力ある商品作りも進めている。技術部門では2016（平成28）年ホンダが開催するサービスマン技能コンクール全国大会で優秀賞を獲得した。

2009（平成21）年に社長の座を浜田陽二に譲り、現在は息子の石﨑重光が継承する。それでも石﨑は営業会議、責任者会議、店長会議、全ての会議に必ず出席して話をする。営業会議の音声テープは全て残している。「営業マンは成長が財産ですから、しっかりと育てたい。営業のノウハウをつけることが一番の財産になります。それが私の使命です」。将来の幹部を育てるために新卒の定期採用を1974（昭和49）年から続けている。「説明会場に行ったり、大学に行ったり、採用活動も一生懸命やりました」

独自開発のステップワゴンのポップアップルーフ。それ以前にオデッセイでも製造。全国に販売した

お客さまに貢献、地域に貢献、社会に貢献

「地元で一生懸命やっていると、いろいろな人から『これをやってくれないか』と頼まれます。断れなくて…。それをやるとまた、つながりができて。今はこのような状況です」。ホンダの全国販売店組織の会長や日本自動車販売協会の副会長、ＪＡＦに加え、川崎商工会議所議員、川崎法人会理事など13団体の役員に。経産省の会議にも出席する。多い年は年間２２０日会議があった。

１９９７（平成９）年には川崎北税務署管内の納税者ランキング14位に名を連ねた。「やはりうれしかったです。それだけ地域に貢献しているということですから」

また、30周年、40周年、50周年と節目には、市や警察、福祉団体などに車両などを寄贈した。

「１９７３（昭和48）年に東京にあったホンダの販売会社48社のうち、現在残っているのは３社だけです。モータリゼーションで右肩上がりに推移している業界でも、淘汰されるのです。気を緩めるわけにはいきません。私の強みはセールスマン時代、20歳の頃から地に着いた売り方を経験してきたことです。これが基盤です。親子二代、三代と続く、お客さまも少なくありません」。石崎会長の言葉がホンダカーズ川崎の経営を象徴する。

平成25年には登録台数2515台を達成。売上利益も過去最高を更新した

人と人の出会いと信頼でつながるビジネスは１４０人の社員とともに、１００億円企業を目指す。

石﨑護会長

⑳ 株式会社ホンダクリオ共立

企業プロフィール

商　　号：株式会社ホンダクリオ共立（Honda Cars川崎）
本　　社：川崎市宮前区馬絹1丁目7番9号
代 表 者：代表取締役社長　石﨑重光
取締役会長　石﨑　護
資 本 金：3,200万円
設　　立：1966年（昭和41年）９月
事業内容：ホンダ車の販売・リース、中古車販売、自動車部品・用品の販売、点検・車検・一般修理・板金、自動車損害保険代理店、生命保険代理店、レンタカー事業
T　E　L：044-852-9911
F　A　X：044-853-0824
事 業 所：本社、東名川崎店、港北店、中原店、都筑仲町台店、鶴見北店、オートテラス港北インター、オートテラス中原、中古車コーナー、レンタカー事業部、ボディサービス横浜センター、二輪店モト・ワールド
https://www.h-cars.co.jp/

年表

川崎市と国内・外の動き

川崎市内のおもなできごと

1901（明治34）年　京浜電気鉄道株式会社、六郷橋～官設大森駅間の電車運転開始。

1906（明治39）年　大師河原漁業組合、はまぐりの養殖を始める。

1907（明治40）年　横浜精糖（明治製糖）が御幸村で操業を始める。川崎郵便局で電話交換業務開始。

1908（明治41）年　東京電気（東芝）が御幸村にできる。

1909（明治42）年　日米蓄音機商会（日本コロムビア）が川崎町にできる。

1910（明治43）年　多摩川の大洪水で六郷橋が流出。

1912（明治45）年　日本鋼管、田島村地先海岸に工場建設を決定。川崎町「工場招致」を町是とする。

1913（大正2）年　鈴木商店（味の素）が川崎町で工場を設立。

1921（大正10）年　川崎町に上水道が敷かれる。

国内・外のおもなできごと

1902（明治35）年　日英同盟調印。

1904（明治37）年　日露戦争勃発。

1910（明治43）年　韓国併合に関する日韓条約調印。

1912（明治45）年　明治天皇没。大正に改元。

1914（大正3）年　ドイツに宣戦布告。第一次世界大戦参戦。

1917（大正6）年　ソビエト連邦成立。

1923（大正12）年　関東大震災発生。

1924（大正13）年　川崎町・御幸村・大師町が合併して川崎市となる。

1925（大正14）年　二子橋が架けられる。六郷橋が架けられ、新国道（京浜第一国道）が開通。

1928（昭和3）年　普通選挙法による初の市会議員選挙が行われる。

1934（昭和9）年　市制10周年を記念して市歌が作られる。

1935（昭和10）年　丸子橋が架けられる。京浜デパート進出反対運動で「蛇投げ事件」が起こる。

1936（昭和11）年　大師河原地先埋立事業着手を決定。

1938（昭和13）年　現在の市庁舎が完成。

1939（昭和14）年　大師橋が架けられる。

1940（昭和15）年　川崎商工会議所創立。


1925（大正14）年　普通選挙法公布。

1926（大正15）年　大正天皇没。昭和に改元。

1927（昭和2）年　金融恐慌始まる。

1928（昭和3）年　最初の普通選挙実施。

1929（昭和4）年　ニューヨーク株式市場大暴落。世界大恐慌。

1931（昭和6）年　満州事変勃発。

1932（昭和7）年　満州国成立。五・一五事件。犬養毅首相暗殺。上海事変起こる。

1933（昭和8）年　国際連盟脱退。

1936（昭和11）年　二・二六事件。

1937（昭和12）年　日中全面戦争突入。

1938（昭和13）年　国家総動員法公布。

1940（昭和15）年　日独伊三国同盟締結。大政翼賛会結成。

川崎市内のおもなできごと

1944（昭和19）年　国鉄、南武鉄道を買収する。市内の学童疎開始まる。市電が開通する（昭和44年廃止）。

1945（昭和20）年　川崎大空襲、市街地が焼け野原になる。川崎、新丸子、溝口などにヤミ市ができる。

1949（昭和24）年　多摩川大橋が架橋。

1950（昭和25）年　市営バスが営業開始。

1951（昭和26）年　川崎港開港。

1952（昭和27）年　市営埠頭の3000トン岸壁竣工。

1955（昭和30）年　第二京浜国道が全線開通する。第10回国民体育大会が県下で開催。

1957（昭和32）年　市の人口が50万人を突破する。

1958（昭和33）年　狩野川台風で大被害を受ける。

1959（昭和34）年　川崎駅ビルが全館完成する。

1960（昭和35）年　川崎市公害防止条例が施行。臨海工業地帯に石油コンビナート

国内・外のおもなできごと

1941（昭和16）年　米英両国に宣戦布告。

1945（昭和20）年　広島に原爆投下。長崎に原爆投下。終戦。ポツダム宣言。

1947（昭和22）年　日本国憲法施行。

1949（昭和24）年　中華人民共和国成立。

1950（昭和25）年　朝鮮戦争勃発。

1953（昭和28）年　NHK、テレビ放送開始。

1958（昭和33）年　一万円札発行。

1959（昭和34）年　皇太子明仁親王殿下ご成婚。伊勢湾台風。

ができる。

１９６１（昭和36）年　川崎商工会議所旧会館竣工。

１９６２（昭和37）年　川崎駅前の公共地下道が完成する。

１９６３（昭和38）年　浮島町埋立地竣工。

１９６７（昭和42）年　等々力陸上競技場が完成する。

１９７０（昭和45）年　市内で初の光化学スモッグ発生。

１９７２（昭和47）年　政令指定都市となる。

１９７３（昭和48）年　市の人口が１００万人を突破。

１９７８（昭和53）年　第一回かわさき市民まつり。

１９８２（昭和57）年　高津区から宮前区、多摩区から麻生区が分区。

１９８６（昭和61）年　地下街「アゼリア」オープン。

１９８８（昭和63）年　市民ミュージアム開館。

１９８９（平成元）年　かながわサイエンスパーク（ＫＳＰ）オープン。

１９９０（平成２）年　川崎市民オンブズマン制度を実施。市営東扇島埋立地完成（シビルポートアイランド）。川崎商工会議所創立50周年記念式典。

１９６４（昭和39）年　東海道新幹線開業。東京オリンピック開催。

１９６９（昭和44）年　アポロ11号の宇宙飛行士、人類初の月面着陸。

１９７０（昭和45）年　大阪で日本万国博覧会開催。

１９７２（昭和47）年　沖縄返還。日中国交回復。

１９７３（昭和48）年　第一次オイルショック。

１９７５（昭和50）年　ベトナム戦争終結。

１９７９（昭和54）年　第二次オイルショック。

１９８６（昭和61）年　ソ連チェルノブイリ原発事故。

１９８９（昭和64）年　昭和天皇没。平成に改元。ベルリンの壁崩壊。

１９９１（平成３）年　湾岸戦争勃発。ソビエト連邦解体。バブル崩壊。

川崎市内のおもなできごと

１９９５（平成7）年　市の「シンボルマーク」制定。

１９９９（平成11）年　岡本太郎美術館が開館。

２００４（平成16）年　ミューザ川崎シンフォニーホール開館。川崎フロンターレが５年ぶりにＪ１復帰。

２００６（平成18）年　ラゾーナ川崎プラザオープン。

２０１２（平成24）年　川崎駅ビルBEがアトレ川崎にリニューアル。
川崎商工会議所新会館「川崎フロンティアビル」竣工。

国内・外のおもなできごと

１９９５（平成7）年　阪神・淡路大震災。

１９９７（平成9）年　香港、中国に返還。

１９９８（平成10）年　長野冬季オリンピック開催。

２００２（平成14）年　欧州の単一通貨「ユーロ」の流通開始。

２００４（平成16）年　市民参加の裁判員法が成立。

２００７（平成19）年　郵政事業の民営化がスタート。

２００８（平成20）年　米証券会社リーマン・ブラザーズの経営破綻。

２０１１（平成23）年　東日本大震災。

２０１２（平成24）年　東京スカイツリー（高さ６３４ｍ）が開業。
ロンドン五輪開幕。
ｉＰＳ細胞開発の山中伸弥がノーベル生理学・医学賞受賞。

2013（平成25）年　「かわさき百年企業」発行。

2014（平成26）年　JR南武線新型車両「E233系」の公開。

2015（平成27）年　5月で「さいかや川崎店」閉店。川崎区の多摩川河川敷で中学生死亡事件。

2016（平成28）年　新庁舎建て替えに伴い、川崎市役所本庁舎解体。

2013（平成25）年　長嶋茂雄、松井秀喜に国民栄誉賞。2020年東京オリンピック・パラリンピック開催決定。

2014（平成26）年　ソチオリンピック開幕、日本はメダル8個。青色LEDの赤崎勇ら3人にノーベル物理学賞。

2015（平成27）年　北陸新幹線の長野―金沢間開業。選挙権年齢「18歳以上」に引き上げ決定。安全保障関連法成立。

2016（平成28）年　最大震度7の熊本地震発生。オバマが現職の大統領として初めて広島訪問。相模原市の障害者施設で戦後最多の19人殺害事件。

川崎市内のおもなできごと

２０１７（平成29）年　川崎フロンターレ初優勝。
市立中学校で完全給食実施。

２０１８（平成30）年　水素で電気を賄う「川崎キングスカイフロント東急ＲＥＩホテル」開業。

国内・外のおもなできごと

２０１７（平成29）年　中学棋士の藤井聡太が29連勝。30年ぶり新記録。
皇室会議で天皇陛下の譲位２０１９年４月30日。

２０１８（平成30）年　平昌冬季オリンピック開幕。日本はメダル13個。
韓国・文在寅大統領と北朝鮮・金正恩委員長が板門店で南北首脳会議。
アメリカ・トランプ大統領と北朝鮮・金正恩委員長がシンガポールで会談。
フィギュアスケート羽生結弦が国民栄誉賞受賞。

編集後記

このたび「かわさき長寿企業２」を発刊することができました。

平成25年に「かわさき百年企業」、平成26年に「かわさき長寿企業」をそれぞれ発刊し、大変ご好評をいただきましたが、今回は前回同様、市内で50年を超えて事業を営まれている20社を掲載させていただきました。

本書は、対象となる事業所のリストアップから掲載の依頼、取材編集などおおよそ1年をかけてじっくりと作り上げた書籍です。自社の歴史が1つの書籍となり、後世に残るということで、ご協力いただいた事業所さんの思い入れも大変強く、何度もお打合せにお伺いしたことは、今となってはよい思い出です。

川崎は、人口も増加傾向にあり元気のある街と言われています。かつての公害のイメージは薄くなり、環境に配慮した住みやすい街へと変わりました。このように変化の激しいなかで50年以上、長きにわたり事業活動を通じて川崎を見てきた20社には地元への愛着が感じられます。この愛着こそが長く続けられてきた秘訣なのかもしれません。

今回の「かわさき長寿企業」を発刊するにあたり、ご協力をいただきました20社の関係者の皆様方、そして発刊にご協力いただいた神奈川新聞社、その他関わっていただいたすべての皆様に感謝とお礼を申し上げます。

本書が、一般読者を始め、事業を営む方、これから事業を始めようと考えている方など多くの方の目に触れ、インスピレーションとなって皆様のお役に立てるよう心よりお祈り申し上げます。

川崎商工会議所　企画広報部

◎参考資料

『「明日」を運び80年―川崎鶴見臨港バス物語（上・中・下）』
神奈川新聞２０１７年11月15日―17日川崎版掲載

『日本の近代化学工業創出の原点、化学と工業２０１３ vol.66 no.7』p.547-549
亀山哲也　公益社団法人日本化学会　２０１３年

『セレモニア50周年記念誌』セレモニア50周年記念誌編集委員　２０１７年

『地域の人々への知的資産を発信し続けたい～「町の本屋」の心意気～』
会議所月報２０１２年12月 no.643 p.2-5　川崎商工会議所　２０１２年

『ホンダクリオ共立「40年の歩み」』２００６年9月

『株式会社ホンダクリオ共立 50年の歩み』２０１６年9月

『私の歩んだ道　野渡良清自叙伝』　野渡良清　２００２年8月

『川崎臨港倉庫50年史』　川崎臨港倉庫株式会社　２０１０年

『マリタイムデイリーニュース』　マリタイムデイリーニュース社　２０１３年～２０１６年

かわさき長寿企業❷ 半世紀の歩みとともに

2018年11月15日　　初版発行

編　集　川崎商工会議所
〒210-0007　川崎市川崎区駅前本町11-2
川崎フロンティアビル3階
TEL 044-211-4112

発　行　神奈川新聞社
〒231-8445　横浜市中区太田町2-23
TEL 045-227-0850

ISBN 978-4-87645-585-0 C0034